三澤直加————著／繪　鍾嘉惠————譯

ビジュアル思考大全 問題解決のアイデアが湧き出る37の技法

用圖像解決問題的

視覺思考

大全

8大思考法×13種場景×37款模板，
提企劃、做簡報、寫筆記、找靈感、帶團隊，
都能用一張圖達到目的，效率翻倍

目錄

第 8 章
構思的飛船──描繪願景即可闖出蹊徑

"LET'S DRAW!"

好評推薦

「這是本超棒的圖像化工具說明書！作者清楚的寫下用途分類與步驟解說，讓新手也能有效地使用圖像化工具解決各種問題，並享受其帶來的好處與樂趣。如果你想開始圖像化的旅程，這本書會幫助你踏出成功的第一步！」

—— 林長揚，簡報教練、暢銷作家

「以人為本的設計研究員三澤直加的《用圖像解決問題的視覺思考大全》適合這幾種人：1. 想要快速理清思緒，一口氣產出有邏輯的想法；2. 想擁有綜覽全局能力；3. 想把腦中的想法讓所有人都看清楚、看明白；4. 想學習有趣、實用的圖像能力。工作時，如果雙方都有將想法視覺化的能力，那就能減少誤解、溝通不良而產生的重複工作。本書依照不同的運用領域，給予我們多種技巧，只要跟著本書練習就對了！」

—— 胡雅茹，心智圖天后

「這是一本我看過『最圖像化』的圖像視覺化指南。塗鴉，是每個人與生俱來的創造力行為，卻沒有被好好善用。本書告訴你，如何擺脫迷思、自在使用『塗鴉技巧』與『圖解模板』成為發想與表達的思考武器。」

—— 劉奕酉，鉑澈行銷顧問策略長

「你以前可能聽過『一圖勝千文』這句話，但未必理解背後的真正意涵？為何善用圖像思考，會是讓你勝出的關鍵呢？道理很簡單，一來塗鴉是每個人與生俱來就會的自然本領，二來視覺

化也是你我在面對未知事物或分享想法的絕佳工具。我很樂意向你推薦這本好書，讓我們一起來動手畫畫吧！」

—— 鄭緯筌 Vista Cheng，內容力學院創辦人

「使用者研究花費很多時間精力在發現問題、解決問題上，其實最重要的部分不是解決問題，而是『找出問題的根本成因』，才能『解決對的問題』。問題的成因可能錯綜複雜，如果全在腦內補充，常會忽視細節，所以我們需要各種方式來幫助推理。這本書提供許多思考方法，幫助我們找到盲點、擴展思路。如果你覺得自己思考問題總是有缺漏、不夠精緻全面，推薦這本書給你！」

—— Akane Lee，嫁給 RD 的 UI Designer

「『湧現』是複雜系統在自我組織的過程中，所產生的各種清晰且有創意的結構。而透過塗鴉的圖像，讓我們更容易理解問題的因果關係，也更能激發思考和討論。這本涵蓋了技法、目的、活用術的視覺思考大全，是帶領你進入圖像元宇宙的最佳入門書。」

—— 雨狗 RainDog，簡報奉行創辦人

「如果請你表達『鼓勵同仁以宏觀視角掌握專案全貌，而非迷失在枝微末節上』，你會如何詮釋呢？用說教？用文字叮嚀？還是用『圖解』方式來比喻抽象概念，更能心神領會呢？作者在『鳥瞰之塔』章節便詮釋地淋漓盡致，運用一筆一畫帶出觀點，此書彙整了豐富情境思考法，適合職場人士開啟對資訊可視化的想像！」

—— 鄭冠中，邁傑企管顧問創辦人

畫條線，就能逐漸看清楚

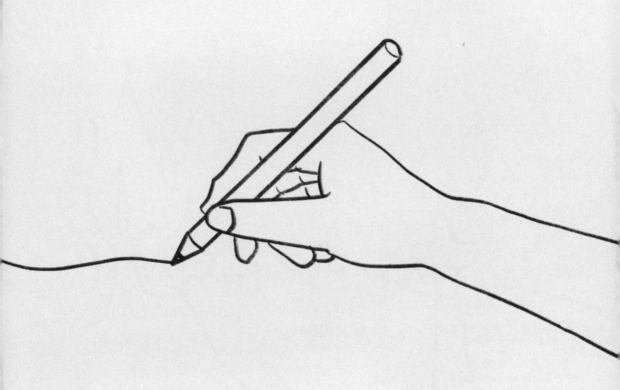

化抽象為具體，把想法畫在紙上

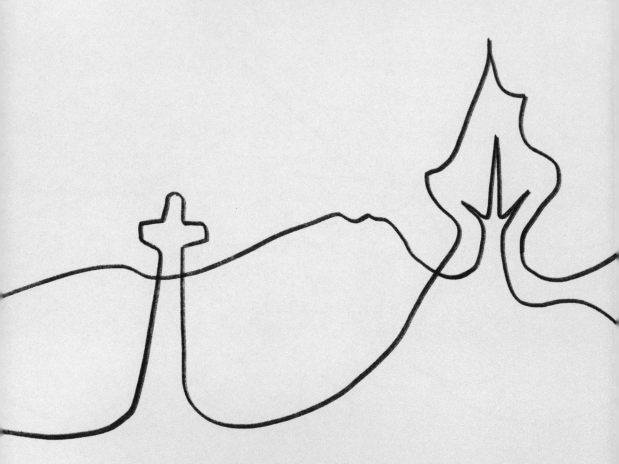

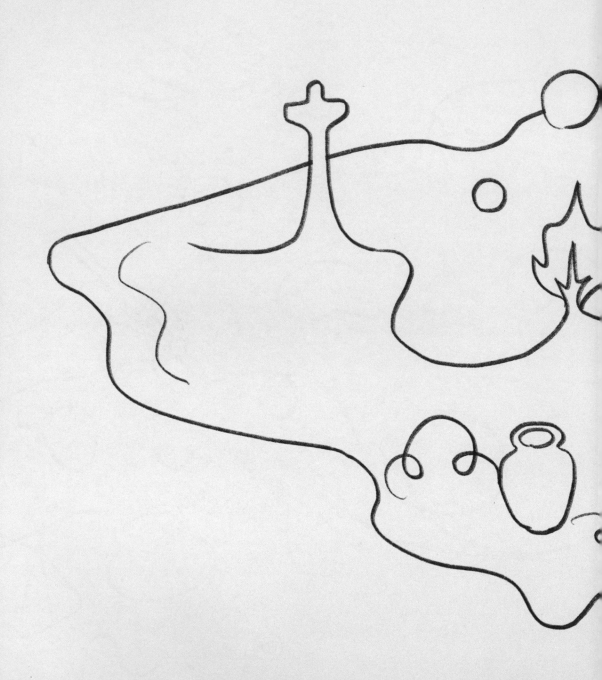

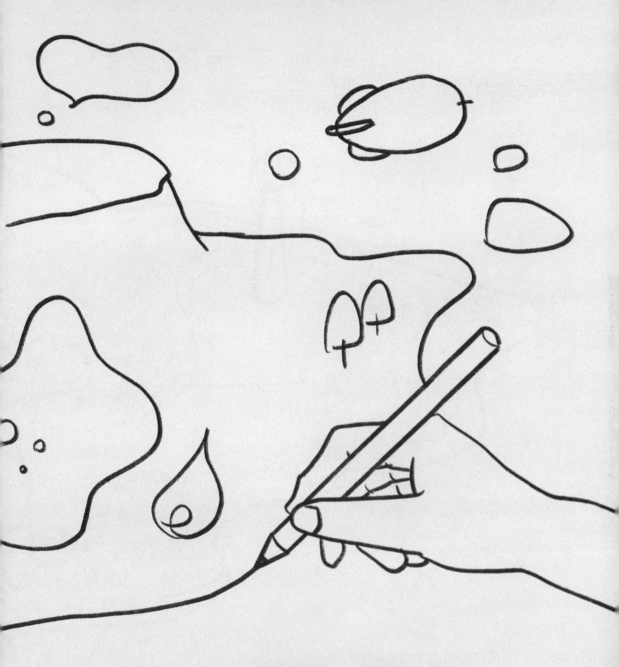

開始描繪，世界就此誕生

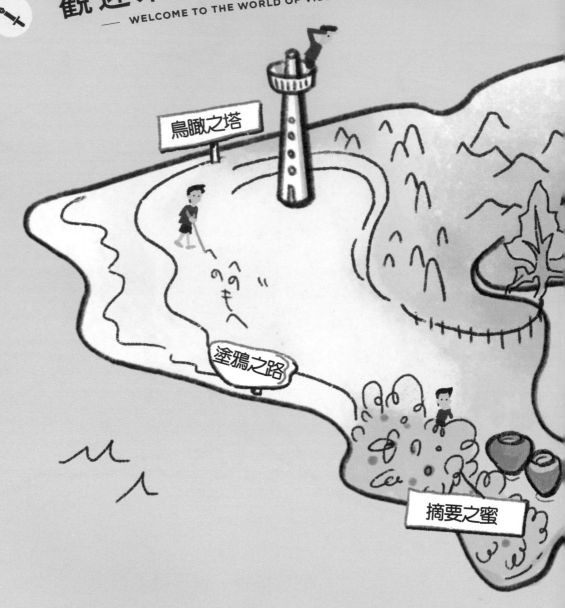

觀迎來到視覺思考的世界
— WELCOME TO THE WORLD OF VISUAL THINKING —

鳥瞰之塔

塗鴉之路

摘要之蜜

第 1 章
THE ROAD OF DOODLE

塗鴉之路

畫條線就能逐漸看清楚

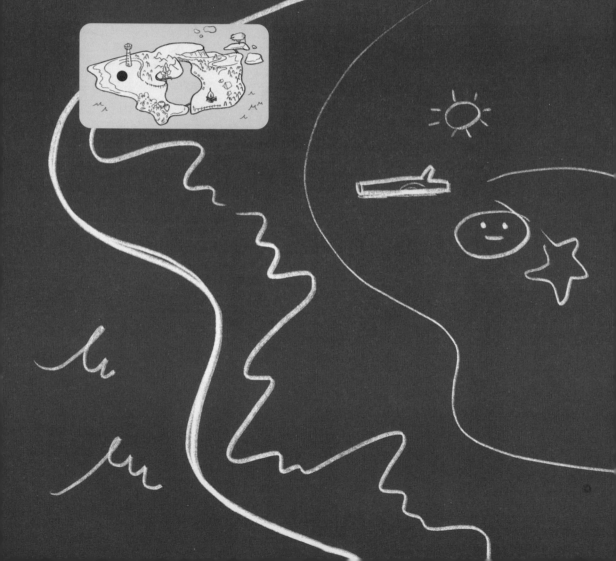

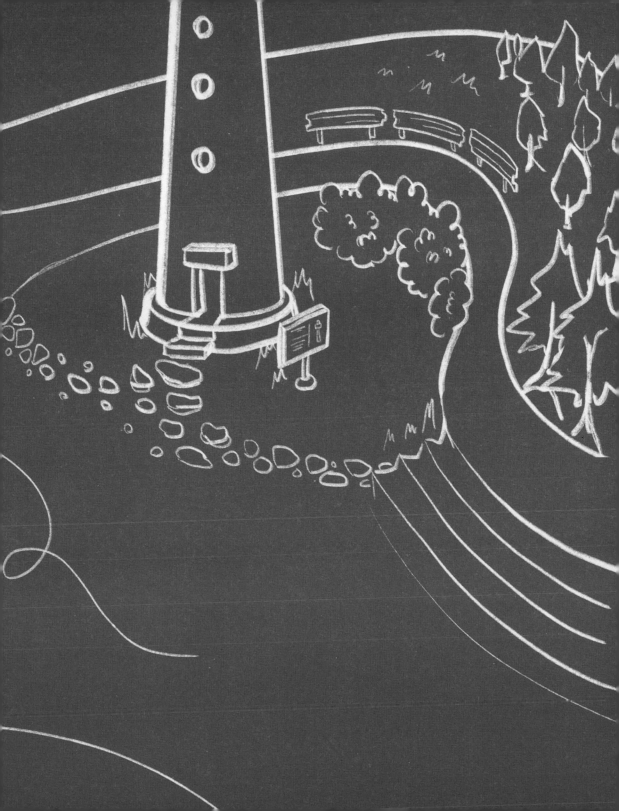

定義 ————

塗鴉是什麼？

孩提時是否有過在馬路上玩耍的經驗？

應該還記得曾拿粉筆畫線、用水把柏油路面弄溼、做土堆、排樹枝吧？

「試著擺上某樣物品」、「畫條線」這類單純的動作，有時會讓我們眼前的景象看起來大不相同。

像這樣動一動手，是視覺思考的第一步。

　　胡亂塗鴉是擾人的行為，但若能妥善將它融入生活中，會產生意想不到的效果。

　　試著在各處自由畫線、自由著色，試著將應用程式裡的貼圖加入筆記、記事本、白板等媒介中。在以往只用文字書寫的地方添加一點塗鴉。

　　塗塗畫畫，一個前所未有的世界隨即擴展開來。宛如全新的道路不斷生成。

方法 吸引大眾目光

豆豆人

📄 有模板

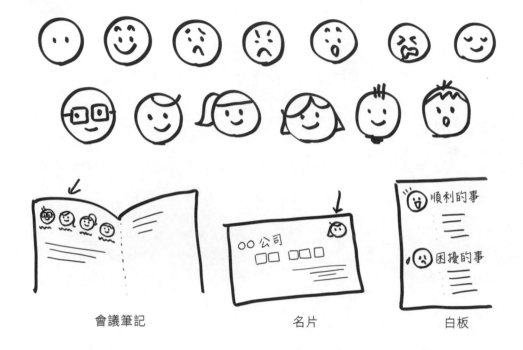

會議筆記　　　　　　名片　　　　　　白板

　　豆豆人是塗鴉的一種技巧,簡單畫下初次見面者的人臉速寫,就會比較容易對那人留下印象或使談話順利進行。

　　在圓圈裡畫上眼睛、嘴巴、眉毛,表現人物的表情,或加上髮型記下人物的特徵。

　　只是在會議筆記本或名片的一角畫上豆豆人,也會比較容易看出誰有出席會議。開會中或回顧時,在白板上「順利的事」、「困擾的事」標題處加上豆豆人,這樣就會讓氣氛變得更活絡。

　　大約 3 秒就能畫好,一起在日常筆記中加入豆豆人吧!

方法 提高筆記效率
小圖示

📑 有模板

時間表　午餐時間　公司　行動裝置

終點　網站

全球　成果　重要的事　電腦

靈感　重要想法　混亂　文件

我們一起做　苦惱　團隊、社群　網路

　　小圖示只要不時畫一下就好，是一種可以讓筆記、討論更有效率的方法。使用的圖像很簡單，將圓形、三角形、正方形等基本圖形搭配組合，大約 3 秒就能畫好。

　　小圖示用於想要吸引目光或用文字寫要花很多時間的情況。參考此處列舉的圖示照著畫畫看，或試著設計專屬的小圖示吧！

方法 ▶ 表示狀況
天氣圖案

📁 有模板

良好！　一切會變好　有事擔心　不順利　不妙

　　利用天氣圖案表示工作或活動狀況。狀況良好的話就用晴天圖案、不順利的話就用雨傘圖案等，利用天氣預報中使用的表現方式，讓團隊成員了解自己的狀況。

　　由於一看就懂，團隊的互助合作會變得更容易。

方法 ▶ 表達心情
色彩點點

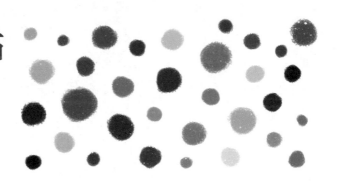

　　利用顏色表達自己的心情或當下的狀態。依直覺選擇當下有感覺的顏色，再用言語說明為何選擇那個顏色，這樣就能掌握言語無法盡述的不明狀況。

方法 取代言語無法表達的感受
心情模式

📁 有模板

　　心情模式是利用抽象的點或線表達自己的心情或感受。賦予無法表達的心情一個外形，藉此加以了解。

　　「刺刺的」、「癢癢的」、「糾纏不清的」、「輕飄飄的」、「沉甸甸的」等，試著用形狀、圖案如實表現自己感受到的心情吧！如此一來，將會一點一點慢慢地更了解自己。

要點————
塗鴉時的重點

隨心所欲地畫線

關掉電腦和手機,拿支喜歡的筆在白紙上畫各式各樣的線條。長線、短線、波浪線、虛線、鋸齒線、螺旋線、圓形、正方形、三角形、星形……就從隨意畫各種圖案開始吧!

比擬、組合

隨意地畫線,有時畫著畫著便看似一張人臉,或像雲、像房子、像某樣東西。這時,稍加幾筆把它畫成一幅畫吧!只用圓形、正方形、三角形搭配,也能組合出各種圖案。試著組合出球、樹、大廈等圖案吧!

嘗試各種畫法和表現方式

即便線條也有粗、細、濃、淡之分,種類繁多。放膽將筆傾斜、重壓或是點擊,探索自己喜歡的表現方式,塗鴉會更加好玩有趣。

結構 ─────
塗鴉的技巧

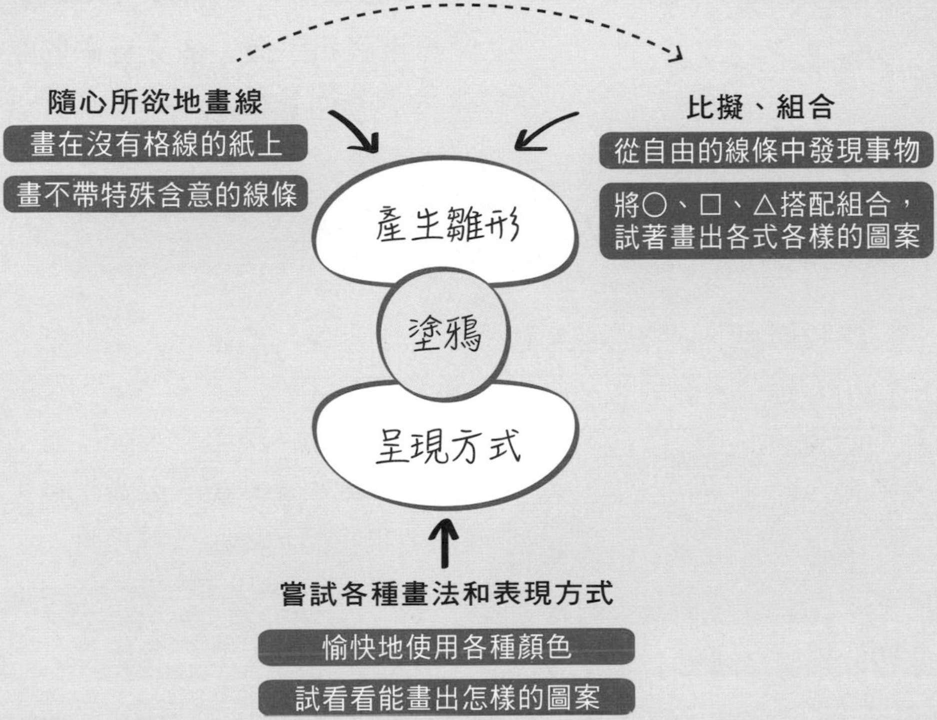

隨心所欲地畫線

畫在沒有格線的紙上

畫不帶特殊含意的線條

比擬、組合

從自由的線條中發現事物

將○、□、△搭配組合，
試著畫出各式各樣的圖案

產生雛形

塗鴉

呈現方式

嘗試各種畫法和表現方式

愉快地使用各種顏色

試看看能畫出怎樣的圖案

　　塗鴉是很原始但具有創造力的行為。若能擺脫「必須畫得很好」的迷思，塗鴉將是發想所有事物的思考法。

　　隨心所欲地畫線，再藉由比擬、組合產生雛形。在嘗試各種畫法和表現方式的過程中，圖像自然呈現。

　　繪出圖形並呈現出來，能促進發想、提升創造力。

心態 ————

用自在的心情塗鴉！

不動腦思考，隨心所欲

注意畫起來的感覺和聲音

讓我們卸下心防，將無意中拉出的線條、聽到的話語、看到的事物，隨心所欲地畫出來吧！

塗鴉沒有擅長、不擅長的問題，一起秉持愉悅、暢快、雀躍的感覺畫圖吧！

質地粗糙的紙和光滑的紙、軟的筆尖和硬的筆尖，紙和筆的搭配會帶來各種書寫感受；筆法不同，紙和筆摩擦的聲音也會不同。讓我們一邊聽「咻、咻」、「嗒、嗒、嗒、嗒」、「沙沙沙……」等聲音，一邊用全身去體會畫圖的感受！

⚠ 阻礙塗鴉的怪物
住手鐘

住手鐘會對著正打算塗鴉的人不斷耳語：「這麼大的人了，不用這樣吧。」「會挨罵喔。」事實上，住手鐘也很想一起玩，但因為顧慮太多：「要是做不好被人笑怎麼辦？」「要是做錯了被人罵怎麼辦？」於是默默放棄。

如果住手鐘跟你咬耳朵，就邀請他：「沒事的！我們一起畫吧！」

提筆一畫，路便清晰起來

鳥瞰之塔

從高處俯視，
景色大不同

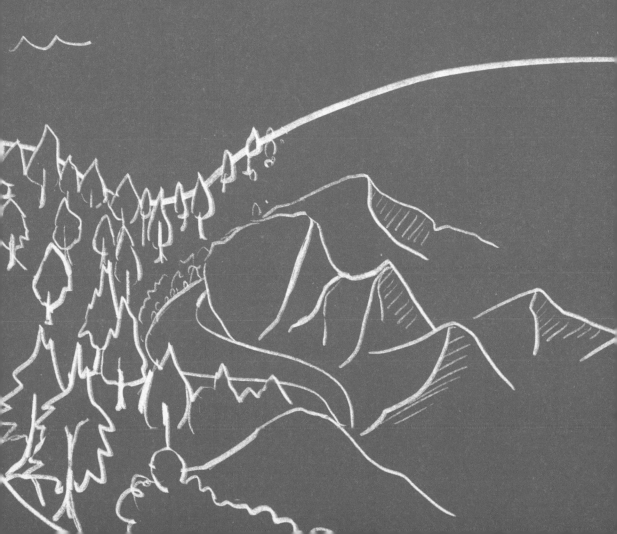

定義 —————
鳥瞰是什麼？

　　每次開會都沒有進展時，你是不是會感到不安，不知道接下來該如何推進呢？拚命執行別人交代的任務，過程中卻漸漸感到迷失，不知道這麼做的目的為何？

　　當我們無法掌握計畫的全貌和關聯，往往就會發生這類情形。這種時候最好試著鳥瞰全局。

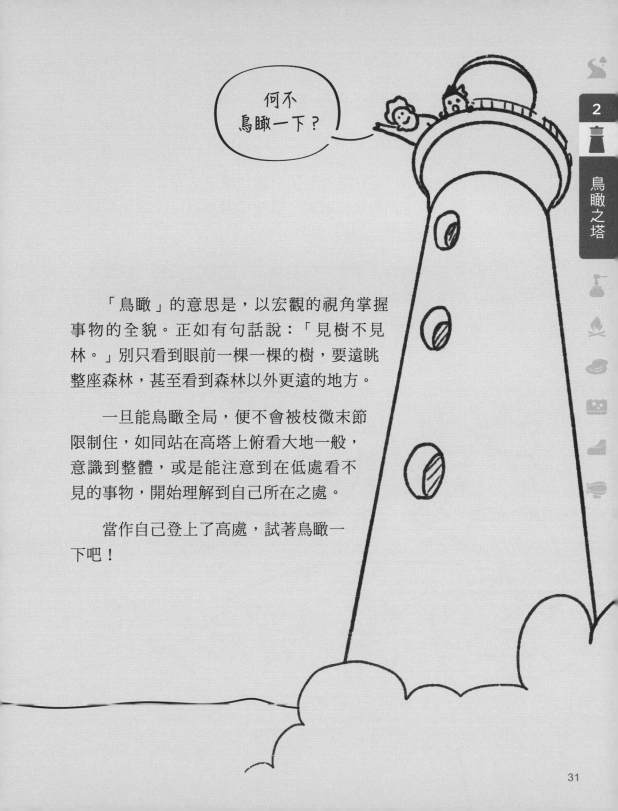

何不
鳥瞰一下？

「鳥瞰」的意思是，以宏觀的視角掌握事物的全貌。正如有句話說：「見樹不見林。」別只看到眼前一棵一棵的樹，要遠眺整座森林，甚至看到森林以外更遠的地方。

一旦能鳥瞰全局，便不會被枝微末節限制住，如同站在高塔上俯看大地一般，意識到整體，或是能注意到在低處看不見的事物，開始理解到自己所在之處。

當作自己登上了高處，試著鳥瞰一下吧！

做法 ————

鳥瞰該怎麼做？

　　為了鳥瞰全局，最有用的方法是將資訊全部可視化，盡可能蒐集多一點來自不同視角的資訊，並濃縮彙整在一張紙上，讓人一眼就能看見大量資訊，藉此掌握全貌。

　　有時無法一開始就蒐集到所有資訊，但可以一點一點擴大理解範圍。這樣的視覺思考，如同一階一階地爬上高塔，逐漸拉高視角讓眼界慢慢展開。

鳥瞰的 4 種方法

藉大自然元素，
理解身處狀況

想了解團隊狀態時　想了解組織綜效時

想改善工作方式時

▶ 大樹圖／ P34

將組織狀態
比喻為人體功能

想重新評估組織體制時　想發現團隊問題時

想改善組織內部溝通時

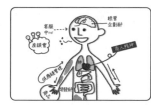

▶ 人體解剖圖／ P36

決定活動的
起點和終點

說明工作內容時　導入新組織時

共同舉辦活動計畫時

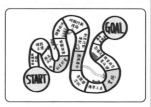

▶ 活動桌遊／ P38

將過程
看作一個故事

說明活動時間表時

報告時想抓住觀眾的心

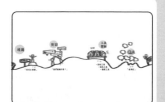

▶ 故事軸／ P40

方法 藉大自然元素，理解身處狀況
大樹圖

⏱ 1～2 小時

👤 1～20 人

✏ 大張白報紙、粗字色筆、便利貼

ℹ 把紙貼在牆上站著畫

▬ 有模板

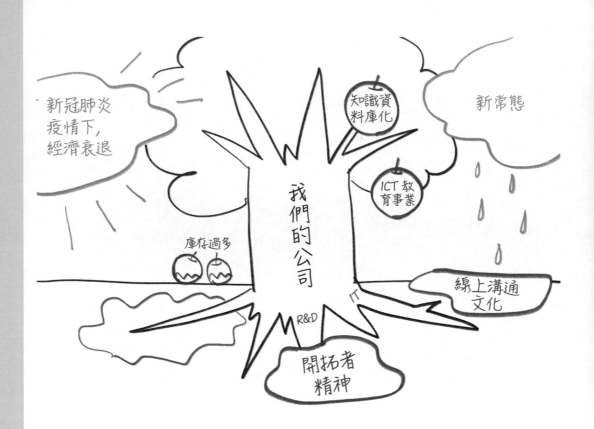

大樹圖就是用樹木、土壤、雲朵等來比喻組織或團隊的活動環境。可以讓人看到各種活動是在什麼背景（養分）下、取得怎樣的成果（果實），以及受到外在環境哪些影響？這些關聯性平常很難意識或發覺。

❶ 把要思考的對象畫成大樹

在紙張正中央畫一棵大樹，請把這棵樹想像成你要思考的對象，例如團隊、組織等，不僅畫樹幹、樹枝、樹葉，連土壤裡的根部也要畫出來。

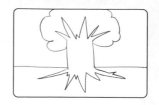

❷ 將活動寫在樹枝上，資產寫在根部

用文字將主要活動寫在樹枝上，花費許多時間進行的活動寫在大的樹枝，小活動寫在小的樹枝，支撐活動的技術和智慧財產等寫在根部。

❸ 把成果當作果實畫上去

把樹枝上的活動所能取得的成果畫成果實或花，成果豐碩的就畫大一點，時機成熟的就用深一點的顏色等，做出差異。

❹ 養分畫在大地上，外在環境畫在天空

畫出活動和成果的全貌後，就把注意力轉向樹的周圍。在大地的部分畫上自根部吸取的養分（已扎根的文化、原則等），天空的部分則用雲朵、太陽等畫出社會動向（流行趨勢、世界局勢等）。

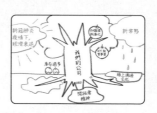

❺ 加上箭頭表示有關聯的要素，進行檢視

要素都畫好後，就要開始鳥瞰了。環視全圖，用箭頭表示關聯性，檢視各個關聯是否有不合理之處？各項要素是否形成良性的循環？

 （訣竅）　「自己」和「社會上發生的事」，兩方面都要關注。

2

鳥瞰之塔

方法 將組織狀態比喻為人體功能

人體解剖圖

⏱ 1～2 小時

👥 1～10 人

✏️ 大張白報紙、粗字色筆、便利貼

ℹ️ 把紙貼在牆上站著畫

📋 有模板

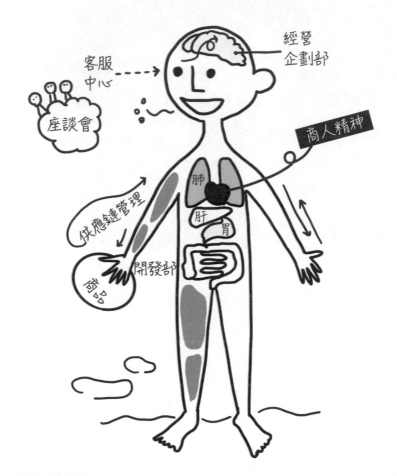

　　人體解剖圖是一種以人體的功能為比喻，描繪組織狀態的方法。畫出組織（身體）中各部門（器官和循環系統）此刻的狀態，可掌握組織正在發生的事，且藉由特別指出相當於大腦、骨骼、肌肉、心臟、血管的部門，能充分了解組織整體的問題。

畫圖的順序

❶ 將組織的狀態畫成人體

用人體來想像組織（公司、社群等）目前處於怎樣的狀態，是活力充沛地向前邁進、停止不動，還是低頭發愁？然後畫在紙張的正中央。不用畫得太仔細，畫出輪廓即可。

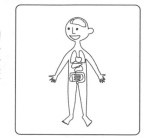

❷ 寫出功能和職責：誰、在哪裡、負責什麼

將組織的部門對應到人體主要的器官。組織的大腦、心臟、眼睛、嘴巴、肌肉、血管各是哪個部門、由誰負責，寫在各器官上，例如：大腦是企劃部、肌肉是開發部等。尋找貼切的比喻，不必全部都寫，只要有初步結構就進到下一步。

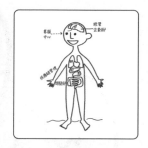

❸ 順著工作流程填寫活動

組織平時都吃什麼（輸入）、排出（輸出）什麼？起草、執行什麼計畫？將組織從事的活動依照食物經由嘴巴、內臟到變成排泄物，或大腦經過思考然後手腳動起來的流程畫出來。以具體的計畫想像體內發生什麼變化，看起來就會更具體。

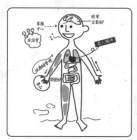

❹ 假想身體狀況不佳的情況

不僅想像一般業務，也要想像問題發生的情況。要是營養失調、疲勞堆積使得身體動不了呢？將身體功能失常比作組織的運作不順，思考現實中可能發生什麼事、可以如何應付？

❺ 檢視需要改善之處

縱觀整體，思考組織的課題。以是否有器官（部門或人）孤立無援、大腦與器官是否合作無間、是否陷入資訊不足、營養失調等角度進行檢視。

 訣竅 觀察整體是否取得平衡，找出阻塞或失衡之處。

方法 決定活動的起點和終點

活動桌遊

⏱ 1～3 小時

👤 1～10 人

✏️ 1 張白紙、彩色筆、便利貼

ℹ️ 1 人 1 張或團隊 1 張

📄 有模板

　　活動桌遊是將工作或活動全貌仿造桌上遊戲畫出來的方法。把每件要做的事當作遊戲的一格，按順序從起點配置到終點，如此一來，遇到首次負責的任務，不知道該做什麼時，就能掌握抵達終點前的流程。由於清楚整個流程，因此也會開始了解影響工作或活動品質的關鍵和時機。

畫圖的順序

❶ 畫出起點和終點

起點畫在左下方，右上方畫終點。如果已明確定出起點和終點的狀態，也可以一併寫上去。

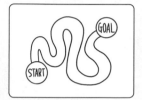

❷ 畫彎彎曲曲的道路

用兩條蜿蜒的曲線連接起點和終點。畫線時儘量讓兩條線保持同樣的距離。

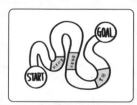

❸ 填入活動的查核點

在起點和終點之間選定查核點。例如：「主管檢查」、「送貨日」、「告知日」等，挑選 3 ～ 6 格做為重要關卡。

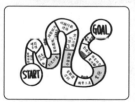

❹ 填入每項工作

把工作內容填入查核點和查核點之間。不清楚全部有多少工作時，不妨把所有工作先寫在便利貼，了解大概情況後再依序填入。格子大小不一沒有關係。

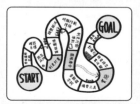

❺ 畫上退回和前進地點

無法通過查核點時，要畫上箭頭讓人知道必須退回哪一格。如果有可以跳過的工作，要畫出捷徑。

 訣竅 以看的人覺得有趣為目標，而非追求正確性。

方法 將過程看作一個故事
故事軸

🕐 大約 2 小時
👤 1 ～ 10 人
✏️ 長條紙、粗字色筆、便利貼
ℹ️ 把紙貼在牆上站著畫
📄 有模板

畫圖的順序

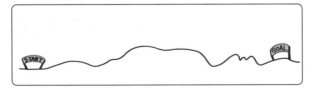

❶ 畫一道地平線，畫上起點和終點

準備長條紙張，畫一道地平線做為故事的舞台。不用畫筆直的線，稍微有點高低起伏的線比較容易畫，所以別用尺，徒手畫吧。然後在左端畫上起點，右端畫終點。選定各自適合的活動，畫上象徵物，例如馬拉松的起跑線或是旗子就很簡單易懂。

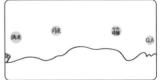

❷ 配置主要的活動

選出構成體驗的主要活動（3 ～ 7 個）並配置在地平線上。重要的活動可以用大一點的空間來畫，請花點心思分配版面。

　　故事軸就是依序把體驗的過程像故事一樣畫出來。以體驗的開始為起點、結束為終點，用中間一個個節點來描繪正在體驗的人，由於可以由左到右依序展示體驗內容，因此能安排成像故事一樣漸次展開。想抓住觀眾的心、讓人產生共鳴時，特別有效果。

 （訣竅）精心設計背景和裝飾，吸引大家進入你所營造的世界。

工具體驗

Q&A

GOAL

4:30
・回收工具
　・綠色工具
　　・復原工具

5:15
「金魚缸」

5:30

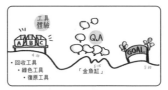

❸ 描繪主要活動的人物和舞台

畫出主要活動的建築物、舞台及參與者。畫出每項活動的特徵，觀看的人就會看得津津有味。

❹ 用文字補充活動內容

寫上各主要活動具體的內容或主題。要用簡短的句子或寫成條列式，以便閱讀。

❺ 描繪背景和裝飾，表達出世界觀

一邊縱觀全圖，一邊加上可表現各活動的詳細資訊和裝飾，再填入時間等，會讓人更容易理解內容。

要點 ————
鳥瞰時的重點

全部彙整成一張

　　將所有資訊彙整在一張紙上，可以掌握全貌。為了鳥瞰全局，一開始就要決定將所有資訊容納在一張紙上，因為有限制，所以會注意全貌。

畫出邊界

　　為了鳥瞰全局，就要意識到邊界，也就是需要掌握範圍到哪裡，例如：從起點到終點、只有公司內部發生的事等。除此之外，也要意識到邊界以外的部分，稍微描繪一下外側，如此邊界的功用也會顯現出來。

彙整資訊，以抽象的形式表現

　　大量訊息一次列出，有時會看不清楚訊息間的關聯和條理，這時正是從更高的視角掌握整體的時機。讓我們使用稍微抽象的語言或圖畫，來把多個訊息統整成一個訊息吧！

結構 ————

鳥瞰的技巧

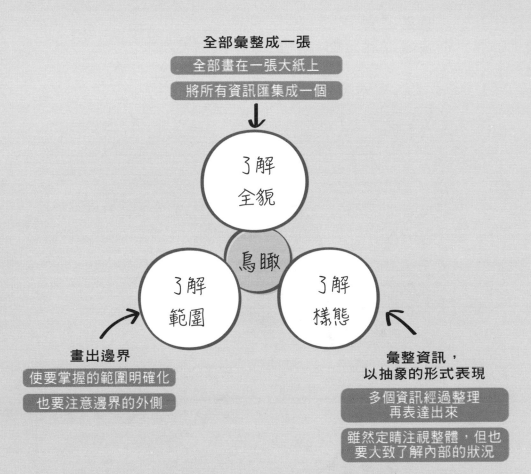

全部彙整成一張

全部畫在一張大紙上

將所有資訊匯集成一個

了解
全貌

鳥瞰

了解
範圍

了解
樣態

畫出邊界

使要掌握的範圍明確化

也要注意邊界的外側

**彙整資訊，
以抽象的形式表現**

多個資訊經過整理
再表達出來

雖然定睛注視整體，但也
要大致了解內部的狀況

　　有這 3 項「了解」：了解全貌、了解範圍、了解樣態，便能開始鳥瞰。想像在特定的範圍內掌握全貌，並就顯露於外的樣態大致掌握裡面發生的情況。

　　為了能以宏觀的視角掌握事物全貌，我們會越來越需要從整體的角度理解事物，並以抽象的形式表現。

心態 ————

用開闊的心情鳥瞰！

| 眺望遠方，不要專注於一點 | 如大地般接納一切 |

妨礙鳥瞰的關鍵是只考慮自己看得見的範圍。「自己以外的人怎麼想？」「從公司整體來看是什麼樣子？」「若從全國來看呢？」「從全世界來看呢？」讓我們擁有用遠大視角眺望事件的意識吧。

妨礙鳥瞰的其他關鍵，就是我們會選擇性地接受蒐集到的資訊。任何資訊都要先以開闊的胸襟接納它，不能因為不符合自己的價值觀便將它阻絕在外。

⚠ 阻礙鳥瞰的怪物

裝懂鷹

裝懂鷹會對想要從空中鳥瞰全局的人說：「這世界就是這樣子，沒什麼好看的！」

覺得鳥瞰很麻煩，或是認為自己不擅長鳥瞰時，一不小心就會輕信裝懂鷹說的話，要特別注意！

從空中鳥瞰的風景，一定要親自去看才有意義，即使覺得麻煩，也要一步一步慢慢往上爬。

登高即能看見全貌

「可視化」和「視覺化」有何不同？

可視化和視覺化的差異

將看不見的事物變成看得見，我們稱為「可視化」或「視覺化」。這兩者有何差異呢？

「可視化」的意思是將物理上看不見的東西變成看得見，例如：利用熱顯像儀讓人看見人體的溫度分布，或是將會話轉換成文字讓人看得見，皆為「可視化」。

「視覺化」指的是讓別人可以透過視覺，了解你腦中思考或想像的畫面，例如：把計畫做成容易理解的圖像來向別人說明、用圖畫表現你對未來社會的想像，皆為「視覺化」。

你可以這樣想：可視化是讓人看見；視覺化是以看得見的形式呈現腦中所思所想。

可視化和視覺化的 5 種代表性手法

世界上有許多可視化及視覺化的手法，這裡要介紹 5 種工作上可使用的常用方法。

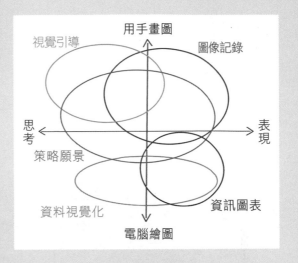

- 圖像記錄：當下立即以手繪方式記錄別人說的話或發生的事。由繪圖者來詮釋訊息，用簡單易懂的方式將它轉化為視覺圖像，使知識具象化，能與人共享。

- 視覺引導：在對話或討論過程中，有效地利用圖像、圖畫、色彩在黑（白）板上記錄。一面營造活躍的參與氣氛，一面刺激發想。

- 策略願景：事先把需要動腦思考的事做成學習單等，在會議中有策略地發想。通常使用於腦力激盪等討論。

- 資訊圖表：將資料、資訊、知識轉換成視覺谷易理解的形式，常見於地圖和解說圖等。運用符號、圖示或圖表等來表示複雜的事物和概念。

- 資料視覺化：主要是用視覺的方式，掌握數字類的資料內容。考慮到人類的思維習慣和認知模式，所以利用各種圖表來呈現龐大的資料，做為判斷的依據。

本書主要介紹的是其中幾種藉由手繪促進思考的方法。

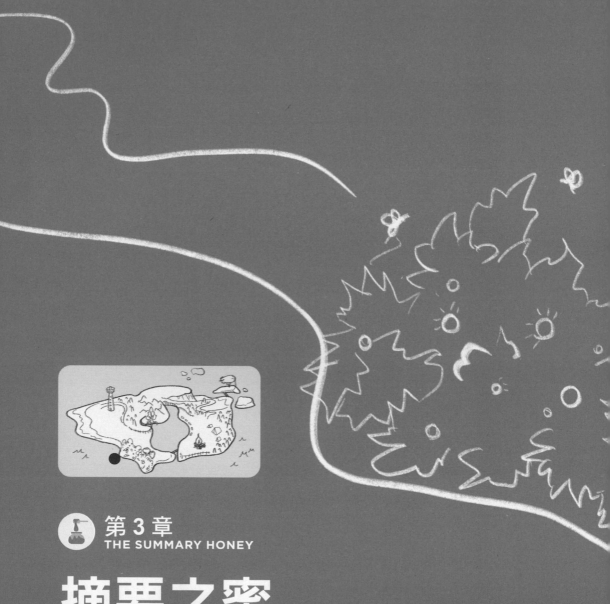

第 3 章
THE SUMMARY HONEY

摘要之蜜

經過揀選、匯集，
就會留在心裡

定義 ————

摘要是什麼？

當你聽演講或專題講座、開會做記錄時，如果想要記下所有訊息肯定會很累。因此只要記下有用、重要的資訊就行了。

做簡報或是在網路、社群媒體上發布訊息時，如果能讓人一看就懂，就更容易將訊息傳播給其他人。這正是摘要大顯身手的時機。

摘要就是充分理解要點再加以彙整。從龐大的資訊中選取重要的部分，簡潔呈現。

摘要做得好，宛如濃縮自然界精華的蜂蜜，充滿營養且容易吸收。

雖然也可以慢慢花時間編輯資訊，但利用視覺思考的話，就能同時進行資訊的取捨和要點的呈現。

把自己化身成蜜蜂，挑戰看看吧！

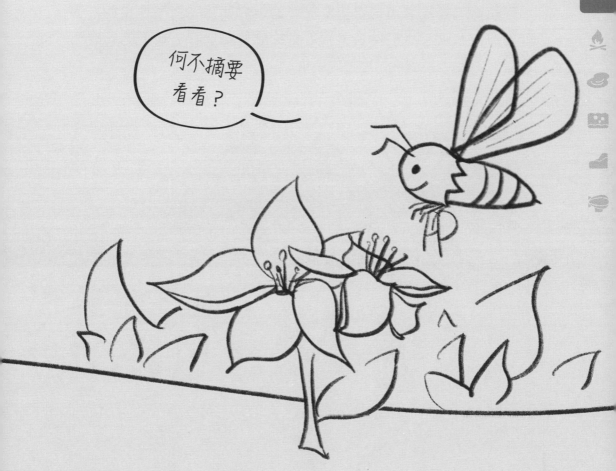

做法 —————
摘要該怎麼做？

　　摘要時，最重要的就是資訊的取捨。徹底掌握當下的目的，再主觀地選取自己覺得重要的資訊。別試圖一開始就寫出所有訊息，先逐一記下談話中打動你的詞句，漸漸就能學會摘要的視覺思考，將龐大的資訊簡潔扼要地表達出來。

　　此處的解說著重透過摘要梳理腦中的想法，而不是正確地摘要內容。正如蜂蜜的味道會隨著蜜蜂的種類而異，摘要的內容也會因人而異，請用欣賞的態度去面對。

一般說的摘要就是這樣嗎？

總覽 ————

摘要的 5 種方法

抓住一項
最強烈的主張

(演講時的聽講筆記) (顧客訪談調查報告)

▶ 演講摘要／P54

利用 5W1H 想像、擷取場景

(將組織追求的願景可視化)

(國文或社會科的閱讀理解訓練)

(人才養成中的培養想像力)

▶ 場景擷圖／P56

將談話的段落圈起來、
橫向排列

(對談紀錄) (線上會議的討論紀錄)

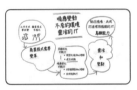

▶ 圖解記錄盤／P58

決定數量，
再挑出重點

(讀完一本書時) (回憶迎新送舊會)

(階段性成果回顧)

▶ 重點骰子／P60

回顧活動、
簡單總結

(線上學習會的回顧) (遠距上班的回顧)

(工作交接時，交代事項)

▶ 整理板／P62

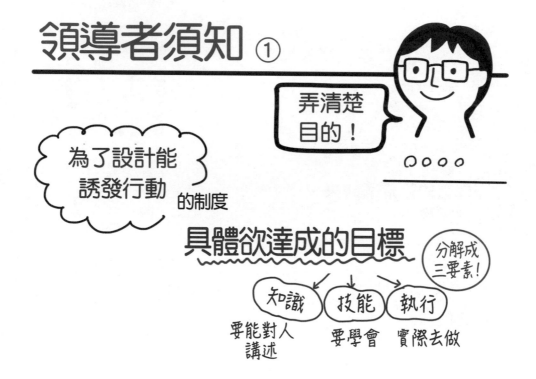

| 方法 | 抓住一項最強烈的主張 |

演講摘要

- ⏱ 5 分鐘～ 2 小時
- 👤 1～2 人
- ✏ 1 張白紙、彩色筆
- ℹ 1 人集中精神靜下心來繪製
- 📋 有模板

演講摘要是一種利用頭像速寫和對話框，畫出演講或簡報內容重點的方法。領會講者想要傳達的重要主張，用口白的形式表達出來，可將整場演講傳達的訊息，記錄得富含情感，並與他人分享。空白處用來簡單記錄重點內容。

❶ 決定標題、頭像速寫、對話框的位置

標題、頭像速寫、對話框是演講摘要的基本構成要素。要事先決定版面配置，將這些要素放在醒目的位置。配置好了後，使用起來更方便。

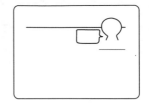

❷ 標題儘量寫得醒目一點

將演講、簡報的標題或是發言概要寫在左上角。這是最重要的資訊，要寫大一點或是用方塊框起來、上色，儘量讓它看起來醒目。

❸ 畫出講者的頭像並寫上名字

講者的頭像速寫畫在右上角。畫頭像是為了事後容易回想起講者是怎樣的人，所以只要畫出一項特徵就可以了。眼鏡、領帶、短髮等，找出特徵畫下來時，別忘了在頭像速寫下方寫出所屬單位和姓名。

❹ 邊聽邊記下重要的事

邊聽邊在空白處記下要點。以跟上講者談話的速度為優先，用詞語或單字而非句子記錄要點。寫成條列式或利用箭頭做筆記會更有效率。

❺ 用對話框表現印象最深的訊息

演講結束後，趁記憶猶新時，回想講者最想傳達的訊息，用口白的形式寫在對話框裡。將講者的談話中讓你印象最深刻的一句話，或是整場演講要傳達的訊息等，任何內容都可以，儘量在演講結束 10 分鐘內寫下來吧！

 (訣竅) 注意講者講得很激動的部分。

方法 利用5W1H想像、擷取場景
場景擷圖

⏱ 15 分鐘～1 小時

👤 1 人

✏ 1 張白紙、色筆

ℹ 1 人集中精神靜下心來繪製

📁 有模板

何人

一群小孩

何事

演音樂劇

如何做

自己演出

何時

秋天藝術節

何地

體育館

為何

想挑戰自己能
做到什麼程度

試著畫成一幅畫，就會覺得服裝、舞台等
要做的東西還真多。小學生們真厲害！

　　場景擷圖是擷取單一具體的場景來描繪情勢或未來狀況。利
用 5W1H（何時、何地、何人、何事、為何、如何做）想像場景並
寫成文字，然後畫成一幅畫。

　　以看得見的形式畫出具體的出場人物和行為，可使原本模糊
的理解變得清楚明確，也可應用在新聞報導的閱讀理解訓練上。

畫圖的順序

❶ 選定閱讀理解的對象

選定一個想做摘要的對象,精讀其內容。新聞報導或全是文字的企劃書是很適合的對象。

❷ 閱讀內容並理解後,畫出 5W1H

閱讀並理解文章,同時想像文章裡發生(或可能發生)的場面。用文字把「何人」、「何事」、「如何做」、「何時」、「何地」、「為何」寫在紙張的左側。想像的場景會因人而異,所以別試圖尋找正確答案,要一邊推想「是這種感覺嗎?」一邊畫圖。

❸ 用畫來描繪「何人」、「何事」、「如何做」

圖畫在右側。首先畫「何人」、「何事」、「如何做」,畫面中央是出場人物正在做某樣行為。畫的位置請參考範例。

❹ 用畫來描繪「何時」、「何地」

接著畫「何時」、「何地」,也就是圖畫的背景。很難用圖畫表現的事物,可用符號或關鍵字代表。

❺ 把「為何」的部分寫成口白

最後用文字寫下「為何」,用口白的形式,儘量寫得像出場人物在說話似的。新聞報導或企劃書等有時不會提到「為何」,因此可以是推測的內容。

❻ 看圖思考自己的意見

完成一張畫。應該會有一種不同於閱讀文章時的感受,再次看著圖畫,把自己的發現寫下來或是向他人分享。

試著畫成一幅畫,就會覺得服裝、舞台等要做的東西還真多。小學生們真厲害!

 (訣竅) 如同拍照那樣具體想像。

方法 將談話的段落圈起來、橫向排列

圖解記錄盤

🕐 15 分鐘～1 小時

👤 1 人

✏️ 1 張白紙、3 種顏色的筆

ℹ️ 1 人集中精神靜下心來繪製

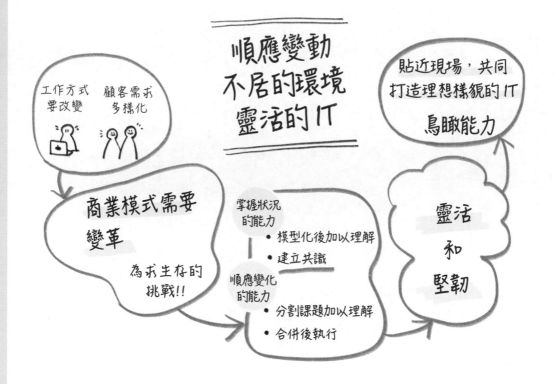

　　圖解記錄盤是一種邊聽討論或談話邊彙整內容的方法。將談話內容按照意思分成一個一個段落圈起來，也就是把資訊排放在圓盤上的感覺。事前不用特別去想要畫在哪裡，也能整理成一份完整的紀錄。

畫圖的順序

❶ 標題寫在上半部的中央

將標題寫在上半部的中央，讓它成為整張紙最醒目的焦點，這是讓畫面取得平衡的訣竅。為文字上色，或加上插畫吸引目光吧！

❷ 由左到右依序畫出要點

談話一旦開始，就將聽到的重要部分用關鍵字詞和特徵，以圖畫方式記錄下來。由左側畫起。

❸ 每個段落用圓圈起來

意思分段時，就把該段落的內容用圓圈起來，下一段談話畫在它的右側。就像是將每個段落變成一圈的感覺。

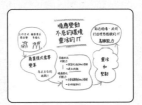

❹ 往右依序追加段落

將談話的段落展開畫成由左而右推移的形式。避開寫有標題的部分，訊息正好排成半圓形。最好能讓談話正好結束在右端，如果紙張不夠大，右側再補上一張，按照同樣的方式繼續畫。

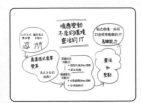

❺ 在盤子和重點處上色

談話結束後，用顯眼的顏色為圓框（盤子部分）鑲邊，以便能明白整個談話的展開過程。再用另一種顏色為重點上色，即可做成更簡單易懂的摘要。

 訣竅 有意識地讓談話的展開過程可視化。

方法 決定數量，再挑出重點

重點骰子

⏱ 5～15 分鐘
👤 1人
✏️ 厚的紙張、彩色筆、剪刀、膠帶
ℹ️ 特地撥出時間做
📁 有模板

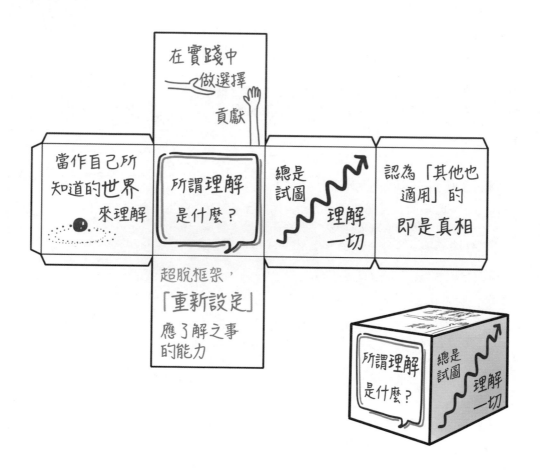

　　重點骰子就是將主題和關於主題的感想整理成骰子。把主題寫在骰子展開圖的其中一面，再將自己覺得重要的事寫進其餘5面，由於事先決定「5件事」，所以能夠挑揀出真正重要的事。寫完後組裝起來，立刻變成可給予自己重要提示的骰子。

畫圖的順序

❶ 繪製骰子的展開圖

準備一份骰子的展開圖。建議使用較厚的紙張製作。

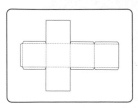

❷ 其中一面寫上主題

在其中一面寫出接下來要思考的主題。利用顏色或加上花紋等，讓它醒目。

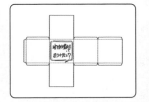

❸ 其餘的 5 面寫上重點

將自己對主題的感想簡潔扼要地寫在其餘 5 面。使用關鍵字或有趣的小插圖會更容易理解。

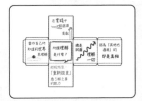

❹ 做成骰子

組成立方體，用膠帶黏合。

❺ 擲骰子，獲得啟示

擲骰子，把骰出的那面看作是對自己的建言。在你迷惘時，也許會讓你得到一些啟發。

 訣竅 選出自己認為重要的 5 件事。

方法 回顧活動、簡單總結

整理板

⏱ 3～20分鐘

👤 1～40人

✏️ 1張紙、色筆

ℹ️ 每人各自仔細思考，自由繪製

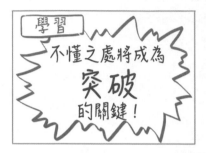

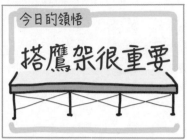

　　整理板就是在每一個轉折處回顧活動的體驗，並用一兩句話做摘要。「是怎樣的體驗？」「學到什麼？」「獲得什麼？」找出能夠回答這類問題的一句話寫在紙上，寫大一點且用各種顏色呈現。一人寫一張並與所有人分享，因此可以將全體參與者的意見摘要做成合輯。彙整參與者各自的體驗，用於線上活動的效果也不錯。

畫圖的順序

❶ 回顧體驗

在活動中，每個人都回顧自己所做、所思、所學等體驗。要預留可以靜靜思索的時間。

❷ 用一句話說明留下深刻印象的事

用一句話說明自己覺得印象最深刻的事。例如：「我在這堂課學到○○」、「今天讓我印象最深刻的是○○」，寫在紙張的中央並寫大一點。

❸ 像邊框那樣加上裝飾

用顏色或花紋裝飾文字四周，有如畫框一般。依當時的心情選用顏色、花紋，會更有整體感。

❹ 與所有人分享

參與者各自將寫好的紙張揭示在胸前，依序念出來。

❺ 好好保存

把紙張收入檔案夾或拍照，如果是線上活動可用螢幕擷圖的方式存取內容加以保存。日後於關鍵時刻重新拿出來看，或許會有一些新的領悟。

 訣竅 對團隊而言，個人的意見最值得參考。

要點 ——————
摘要時的重點

挑出該狀況的要點

挑出自己覺得對目標來說最重要的事。聚精會神聽懂談話內容，並畫出覺得重要的部分，先決定數量再進行揀選也會很有效果。

凸顯要點

凸顯挑選出的要點，好讓人一看就懂。畫大一點、線條粗一點，或是用醒目的顏色加上記號。可做出重點一目了然的圖解記錄。

將所有要點彙整成一張畫

將所有要點彙整成一張畫，可簡單易懂地表現摘要出的訊息。使用可顯示談話全貌的架構彙整要點，或是把一個具特徵性的狀況或狀態畫成一張畫，效果也不錯。

結構 ————

摘要的技巧

挑出該狀況的要點

挑出對當下目的或狀況重要的事並用文字呈現

限制數量或範圍，依重要度揀取

凸顯要點

利用大小、線條粗細或顏色，凸顯出要點

以簡潔的文句（關鍵字詞或口白）表達要點，引人注意

明白重點

摘要

了解全貌

將所有要點彙整成一張畫

列出要點，以圖解方式彙整

把具特徵性的狀況或狀態畫成圖

　　摘要大致有兩種做法：讓人明白重點是什麼、讓人了解全貌。所謂的「明白重點」，就是腦中清楚當下的目的或狀況，同時關注一言一語和每一個事例，使重點漸漸浮現。「了解全貌」則是採用可顯示全貌的架構彙整要點，或是將具特徵性的狀況、狀態畫成一張畫。這需要具備理解力和繪畫能力，只要能做成強大的視覺圖像，瞬間就能傳達出要點。

心態 ————

用自信的心情摘要！

事在人為的精神	敏銳地感受語言表現的 微妙之處

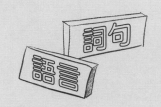

想要「正確地彙整內容」、「讓人容易看懂」，如果過度謹慎會進行不下去。尤其是摘要的視覺思考要邊聽邊取捨資訊，因此相信自己的直覺也很重要。抱著「先做再說，船到橋頭自然直」的心態畫圖吧！

摘要是將資訊壓縮在限定的範圍內，這使得語言的影響變大。圖畫無法表現的部分就必須用語言來表現。因此堅持使用最適當詞句是必要的。

⚠ 阻礙摘要的怪物
小心眼怪

小心眼怪是會對想提煉出美味蜜汁（摘要重點讓人留在心裡）的人碎碎念「養分可能還不夠」、「再多加一點」的怪物。

對留白感到不安時，可能就會忍不住屈服於小心眼怪的耳語，要多加注意！選取的蜜汁即使量不多也要發揮其價值。別受人蠱惑，懷著自信彙整下去吧！

經過揀選、匯集，
便成為美味的蜂蜜

第 4 章
THE BONFIRES OF DIALOGUE

篝火旁的對話

好好面對面
便能互相理解

定義 ————

對話是什麼？

　　團隊運作不順暢時，成員間往往會爭論或辯論「誰對」、「誰錯」、「該怎麼做才好」等問題。有些也許是小誤會，或者不是非解決不可的事。

　　團隊成員若不能各自說出感覺、覺得什麼事很快樂等情緒，就會擱置自己的感受，使得談話徒具形式。

　　如果察覺到不太對勁，那就是開啟對話的機會。

所謂對話，就是保有主體性地互相表述、互相傾聽，以便互相理解。

與爭論和閒聊不同，對話很重視每個人的感受。對話是溝通的方法之一，做為思考法也能發揮卓越的功效。

能夠好好地對話，就會像圍著火堆談天說地時那樣感到平靜，並漸漸清楚自己和他人的想法。

與人面對面需要勇氣，但如果有視覺思考這火種，就會自然形成易於談話的氛圍。

讓彼此促膝而坐，好好對話吧！

我們何不對話看看？

做法 ────
該怎麼對話？

　　好好聽別人說話和表達自我比想像的要困難。不僅要面對面，心理上也要徹底面向對方，否則無法對話。需要敞開心房，表現出對對方的話感興趣才行。

　　為此，不加入自己的解釋，從聽到的話中挑出重點、原文照錄的視覺思考會很有幫助。把它畫得能讓人辨識出說過的話吧！

　　只是乖乖照著聽到的內容畫出來，是任何人都很容易入手的方法。

對話的 4 種方法

讓所有人都看見、了解脈絡

(大家一起提點子時) (顯露團隊的專業知識)
(吐露心裡的疙瘩時)

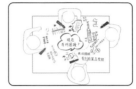

▶ 圍桌輪流記錄／P74

寫出腦中的關鍵字與人分享

(自我介紹) (工作坊的破冰活動)
(專案團隊開始運作)

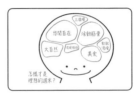

▶ 腦內話題／P76

選取、記錄談話中的關鍵字

(大家一起聊未來時) (銷售中的意見徵詢)
(專案檢討會)

▶ 關鍵字採集／P78

各自寫下心願互相交換

(計畫開始) (想創造互助的狀態時)
(新成員加入時)

▶ 夢想飛機／P80

方法 讓所有人都看見、了解脈絡
圍桌輪流記錄

⏱ 15 分鐘～2 小時

👥 3～8 人

✏ 大張白報紙、彩色筆

ℹ 1 人 1 支筆，圍著紙張而坐

📁 有模板

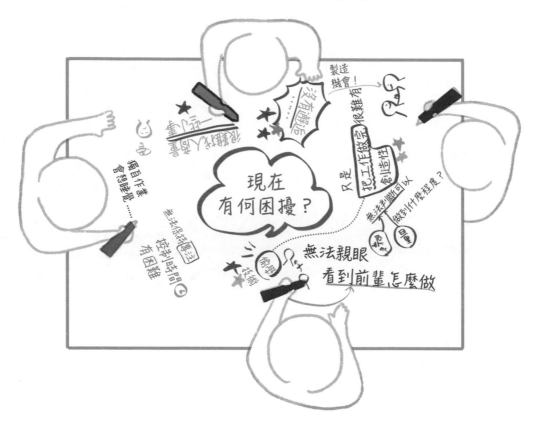

　　圍桌輪流記錄是圍著攤開在桌上的白報紙，一邊對話一邊用文字或簡單的圖畫，當場畫出主題或談話內容的方法。所有談話過程逐漸被可視化，因此可以了解各想法背後的原因和對話的脈絡。在對話的場合，我們有時為了說和聽便耗盡全力，一留神才發覺沒留下半點紀錄。由於全體參與者都拿著筆輪流記錄，因此能蒐集到各式各樣的意見。

畫圖的順序

❶ 在紙張中央寫上主題

將白報紙攤開在桌上,在紙張正中央寫上主題。揭示主題,使參與者有一致的目標。用對話框框起來,就不會被其他筆記內容淹沒。

❷ 決定記錄者的順序

讓說的人和聽的人輪流支援「記錄」。換人說話,就同時換人記錄。由誰開始記錄、順序如何?要事先制定簡單的規則。

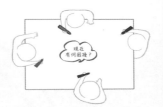

❸ 以關鍵字或有趣圖畫記下談話要點

利用關鍵字或幽默圖畫簡要地記下談話要點。不必記錄得很整齊。儘量不要遺漏話題,以便事後能回想起來。別管紙張的方向或記錄的位置,在空白處自由記錄吧!

❹ 熱烈討論的內容要予以強調

講得很激動或反應熱烈的話題要醒目一點。用顏色或加框等方式把它凸顯出來,以便日後回顧時能想起當時的情況。

❺ 在希望引起關注的地方加上星號進行檢視

待對話告一段落後,縱觀整個紀錄內容,檢視應關注的部分。首先,參與者先在各自在意的內容加上星號。接著,所有參與者一起針對加上星號的項目分享看法、討論在意的原因。

 (訣竅) 讓所有參與者了解每個發言被記錄、整理的過程。

方法 寫出腦中的關鍵字與人分享

腦內話題

⏱ 15 分鐘〜2 小時

👥 1〜20 人

✏️ A4 紙張、筆

ℹ️ 1 人畫 1 張

📁 有模板

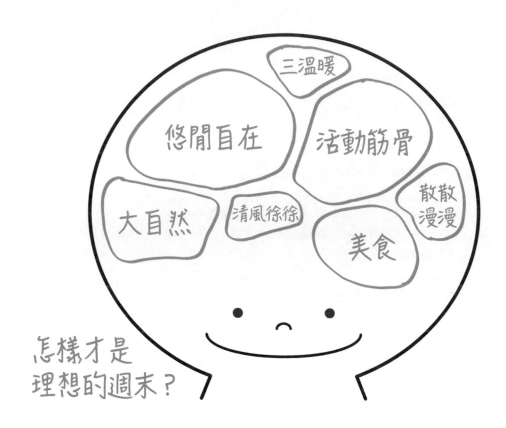

腦內話題是在對話前，先寫出詞語來整理自己的想法。只要寫出自己面對設定的問題腦中浮現的詞語，同時要注意詞語在腦中所占的分量，用大小分出強弱。利用寫出的詞語作引子，可延伸出一個個具體的話題，能深化彼此的思考。

畫圖的順序

➊ 畫一個大大的頭部輪廓

畫一個大大的頭部輪廓，以把文字寫在裡面。為了讓中央可以寫很多字，把臉部畫在下方。一人準備一張。

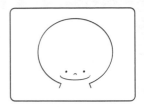

➋ 寫上主題

把接下來要談論的主題寫在頭部外側。如果多人一起進行，要以疑問句的形式設定共同主題。

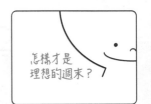

➌ 用詞語寫出自己重視的事

針對主題，用詞語寫出 5 ～ 8 個自己覺得重要的事。從最重要的寫起會比較容易。

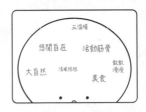

➍ 用線把詞語圈起來

用線條把詞語圈起來。越重要的面積要越大。用大小分出強弱，較容易憑直覺看出重點。

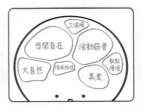

➎ 多人一邊分享一邊對話

彼此分享自己完成的腦內話題，同時討論內容。進一步詢問只看詞語無法領會的具體情況，或是問對方覺得重要的理由，會讓對話更加深入。

 訣竅 將重要的事寫大一點，分出強弱。

關鍵字採集

方法 選取、記錄談話中的關鍵字

⏱ 30 分鐘～1 小時

👤 1～10 人

☑ 全白筆記本或紙張

ℹ 仔細聆聽，依自己的判斷記錄

○○家具的訴求重點

化身
變化
隨著時間改變
次世代型組件

安心感
建立規律

解放身體
和心靈

裝點人生

與自然共存
循環經濟

會呼吸的木材

培育
社群

　　關鍵字採集就是將對話中逐漸顯現、應當關注的詞彙逐一寫在一張紙上。不用畫圖，讓大量詞彙隨機排列。要特別注意講得很激動或使談話往外擴大的詞彙，能從中捕捉到「帶有重要含意的話語」。以找到的關鍵字為引子，可以繼續更深入對話。

畫圖的順序

❶ 好好面對面聆聽

別馬上動手記錄，要先仔細聆聽。

❷ 挑出並記下關鍵字

聽出講述者重視或具有重要含意的詞彙，用文字寫下來。要照著講述者的原文做記錄。建議使用面積有限的紙張，以防將聽到的內容全部記下來。

❸ 讓備受關注的詞彙引人注目

要注意講述者講得很激動或使談話向外擴大的詞彙，讓它們更醒目。可塗上顏色、圈起來等，用點心思讓其引人注目。

❹ 對話到一段落時，說明自己記下的關鍵字

待對話到一段落，根據記下的關鍵字，將自己聽到的重點告訴講述者。讓對方意識到自己不明白或講得不夠清楚的部分，創造深入對話的機會。

❺ 拍照共享

對話結束後，要將記錄拍照，分享給相關人士。可做為掌握大致對話內容的線索。

 （訣竅） 精選、捕捉重要詞彙。

方法 各自寫下心願互相交換

夢想飛機

🕐 10 分鐘～1 小時

👤 3～10 人

✏️ 1 張紙、色筆

ℹ️ 每人自由書寫

　　夢想飛機就是把寫有各自「心願」的紙，摺成紙飛機射出去，製造寫的人和撿到的人對話的機會。透過偶然拾起的紙飛機得知某人的「心願」，思考自己能為對方做什麼。一邊愉快地認識彼此的內在，一邊建立互助的團隊。

畫圖的順序

❶ 用文字寫出自己的心願

一人一張紙,用文字寫下自己的心願。用粗字筆寫大一點,以便從遠處也能看清楚。塗上顏色、做些裝飾會有更多樂趣。

❷ 摺成紙飛機

將寫有文字的部分當作內側,摺成紙飛機。

❸ 全體一起射出並撿起紙飛機

在開闊的地方一起射出紙飛機。盡可能讓它飛遠一點。然後撿起一只非自己射出的紙飛機。

❹ 向眾人說出自己能貢獻什麼

每個人打開撿到的紙飛機,一個個念出上面的文字。然後思考「自己可以做出怎樣的貢獻?」並告訴眾人。

❺ 找到紙飛機的作者,聽聽他怎麼說

找到自己念的那只紙飛機的作者後,兩人開始對話。「請再多跟我說一些這上面所寫的事」、「為什麼會有這樣的想法?」等,懷著好奇心與對方聊一聊吧!

 (訣竅) 將撿到的心願當作自己的事看待。

要點 ————

對話時的重點

即刻畫出內容給人看

　　對話一直往前推進。過程中在紙上塗塗寫寫的行為，也是表明「我有在聽」。為了促進對話，必須當作是為所有參與對話的人做筆記，而不是個人的筆記，用所有人都看得見的大小畫在所有人都看得到的位置。

不摘錄，畫出所有要素

　　對話是一邊互相提問一邊探索。接受原本的狀態並如實繪製，才能打造易於對話的環境。試圖整理內容、梳理結構，反而會適得其反。為了營造任何人都能發言的氛圍，讓我們不經整理就畫出來吧！

揭示問題，讓人看得見

　　我們在對話過程中常常會忘記主題。對話開始時，就要將主題寫在所有人都看得見的地方。揭示主題可以提高對話的品質。

對話的技巧

即刻畫出內容給人看

> 畫在所有參與對話的人
> 都看得見的地方

> 用態度表示有按照談話
> 進行的速度畫圖、聆聽

不摘錄，畫出所有要素

> 建立能接受原狀的方式

> 不做整理或結構化

了解談話
的概要

對話

了解想表達
的意思

營造能安心
說話的氛圍

**製造機會讓人覺
察到自己的意見**

> 每個人各自寫好帶過來
> （預留每個人思考的時間）

**揭示問題，讓人
看得見**

> 防止大家忘記要
> 談什麼或是離題

> 焦點對準問題以提高
> 談話的品質

　　對話在了解「談話的概要」和「想表達的意思」循環下，會形成順利推進的結構。「了解談話的概要」能立刻明白對方講述的內容及其全貌，較容易掌握往前推進的談話大意。又因為「了解想表達的意思」，因此明白談話的立論，進而有機會發覺自己的意見，更加容易參與對話。

心態 ————
用體貼的心情對話！

| 不催促對方回答，
溫暖地守候 | 尊重講話的當事人，
竭盡所能去理解 |

對話進行時，也許有人怎麼也說不出話來，或是無法好好地表達，這是因為要邊想邊說而產生的正常情況。讓我們溫暖地守候，慢慢等待、理解對方吧！

對話時，每個人都是以當事人的身分互相講述自己的事。畫圖的人有必要將講述的內容當作一件實例謹慎處理。偶爾可能還會遇到敏感的話題。讓我們對講述者懷著敬意去畫圖吧！

⚠ 阻礙對話的怪物
多嘴貝

多嘴貝是一種怪物，牠會在別人想好好對話時打岔說：「我也有這樣的經驗」、「你可以把你的意見告訴那個人」。

一旦「自己也想幫忙」的想法很強烈，任何人都有可能變成多嘴貝。說的人若不能按照自己的節奏自主地述說，便失去了對話的意義。當你忍不住想插嘴時，請小心留意！

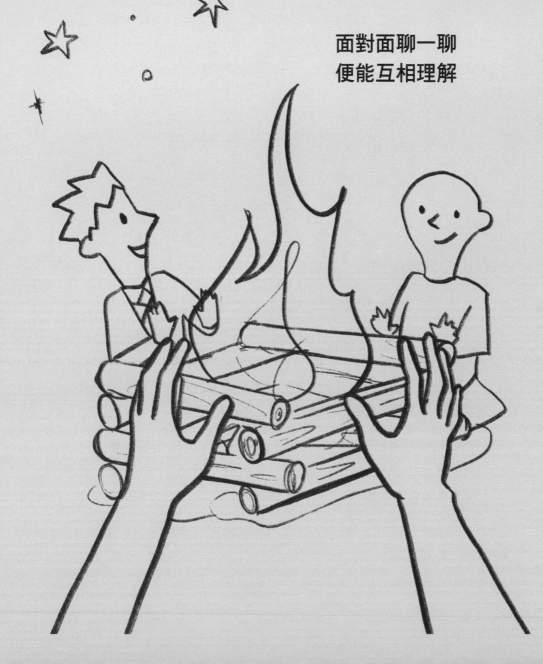

面對面聊一聊
便能互相理解

進行視覺思考的兩個時機

進行視覺思考有兩個適合的時機，即當場畫（即時繪圖），和事後畫（時間滯延繪圖）。兩者在效果上有很大的不同，所以弄錯繪圖時機的話，有時會適得其反。一起來認識適當的繪圖時機吧！

當場畫的「即時繪圖」

即時繪圖就是在講話或思考的過程中畫圖。詳細畫出此刻正在發生的事，以刺激參與者動腦想點子，積極參與。

有人把邊聽邊畫圖的樣子比喻作同步翻譯，真是比喻得恰到好處。聽懂並經過理解再表現出來，全在同一時間進行。參與者需要具備聽辨和迅速作畫雙方面的技術。

事後畫的「時間滯延繪圖」

時間滯延繪圖是談話過後或思考過後為了彙整內容而繪圖。過程中做筆記事後再完成的也屬於這類。

因為花時間仔細思考過再畫,所以能畫得淺顯易懂,易於傳達給多數的人。那感覺或許和插畫製作或海報製作很接近。

談話或思考的內容若能變成一幅淺顯易懂的圖畫,便比較容易揭示為全公司的願景,或在社群網站上發布。由於用色和配置很重要,會需要美術設計方面的技術。

第 5 章
THE SURFACE OF INTROSPECTION

內省的水面

投映便可照見自己

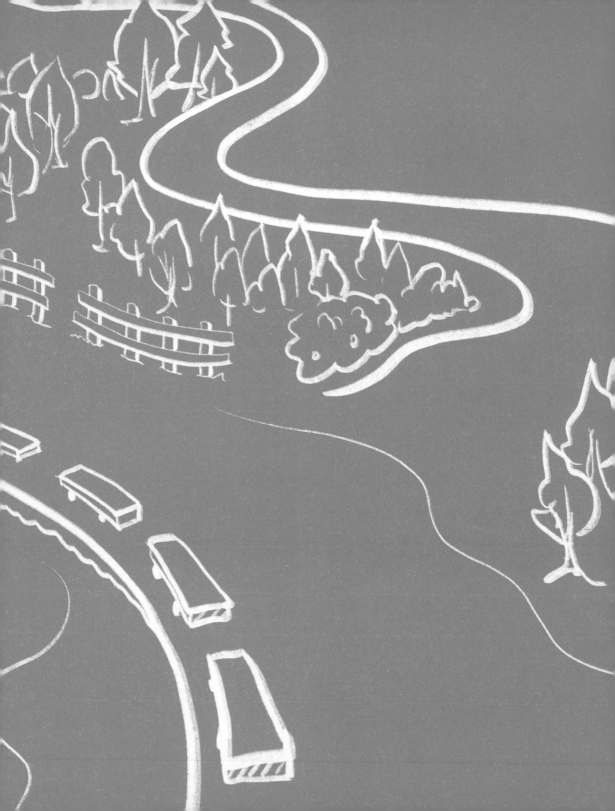

定義 ————

內省是什麼？

開始新的工作、結婚或生孩子後，生活方式出現巨大改變時，你可曾因為看不見自己的目標，不知道今後想做什麼而感到不安？

當我們工作不順利或對職涯感到迷惘時，可能會失去自信，或總是在意別人的評價。

需要從根本去審視「自己擅長什麼？如何看事情？重視什麼？」等問題。

這種時候內省會很有效。

所謂內省，就是客觀地觀察、反思自己的言行和思維。

能夠內省，就會漸漸發現自己一直未覺察到的身心狀態或內心真正的想法，宛如倒映在湖面上的自己跟自己說話。

任何人都有缺點或內在不願正視的一面。不過假使能從中找到希望，也許值得鼓起勇氣一試。

讓我們彷彿輕輕把臉倒映在湖面，試著窺探自己的內心吧！

做法 —————
內省該怎麼做？

　　為了內省，需要有像是從外面觀看似的客觀目光，凝視自己的內心。

　　為此，在寫下關於自己的種種後，要變成另一個自己，仔細檢視所寫的內容，這種兩階段方法會很有效，也許和看自己的照片很類似。

　　將自己一直以來所做的事、真實的想法等一個一個寫下來，深入思索它們的意義，這種內省的視覺思考會帶給人領悟。

　　很難有時間思索自己的人，只是誠實地寫下個人願望，也會成為內省的契機。

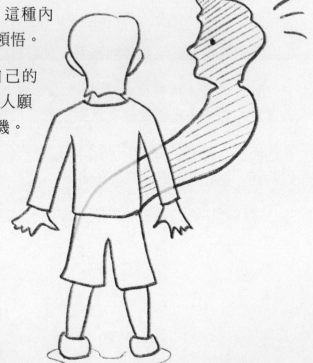

內省的 4 種方法

用顏色和形狀表示
模稜兩可的狀況和心情

(個人的日記)　(感性表達訓練)
(心理復健)

▶ 色彩日記／P94

寫出許多自己
珍視事物的特徵

(想廣告詞時)　(想找出自己的長處時)
(開始減肥時)

▶ 360 度探索／P96

掌握過去和現在的不同

(設定年度目標時)　(回顧過去一年時)
(發表活動成果時)

▶ 尋找改變／P98

將自己的人生比喻成故事

(想回顧一生時)　(尋找自我之旅)
(全家一起思考未來時)

▶ 人生篇章／P100

5

內省的水面

方法 用顏色和形狀表示模稜兩可的狀況和心情

色彩日記

⏱ 5分鐘 × 幾乎每天

👤 1人

✏ 無格線筆記本、8色以上的色鉛筆或色筆

ℹ 在一天的尾聲慢慢畫

也許製造了
開端

充滿活力的
一天

整天好緊繃

　　色彩日記就是利用顏色和形狀，以抽象方式表現言語無法完全表達、模糊不清的狀況和心情。由於是憑直覺畫出來，可以看出表面難以覺察到的心聲。在繁忙的日子中迷失自己時，就能掌握自己的狀況和心情的變化。

畫圖的順序

① 閉上眼睛慢慢回想一天的經過

畫之前先準備好一個能夠好好內省的環境。閉上眼睛回想今天一天發生了什麼事。

② 憑直覺挑選與當下心情很吻合的顏色

憑直覺挑選一、兩個與當下心情很吻合的顏色。這時要注意的是，別考慮合不合邏輯。因為心情鬱悶就挑藍色這種選法會有礙直覺。拿起每一種顏色的筆，確認它是否切合自己的心情。

③ 用形狀表現今天的經歷

用所選顏色的筆描繪形狀。如果硬要用形狀表現今天一天的經歷，會畫成怎樣的形狀呢？用抽象的形狀來表現。一邊參考範例，一邊創造專屬自己的形狀吧！

④ 附上一句說明

使用代表心情的顏色畫出抽象的形狀之後，想一想為何會是那樣的顏色、形狀，附上一句自己的覺察。

也許製造了
開端

⑤ 偶爾向人展示、說明

寫色彩日記會是回顧每一天生活的好機會。「好多刺激」、「最近好累」等，應該會讓人開始注意到自己的狀態。偶爾拿給親近的人看、說一說發生了什麼事或許也不錯。

 訣竅 跟著直覺動手畫。

方法 寫出許多自己珍視事物的特徵

360 度探索

⏱ 15 ～ 30 分鐘

👤 1 ～ 5 人

✏️ 1 張白紙、筆

ℹ️ 設定時間限制集中進行

📄 有模板

與家人相聚的時間				無可取代的日常
見不到面很孤單		全員到齊很開心	家庭旅行	老媽的味道	一絲不掛的自己
與人有約	飯很好吃		可以分享近況	傍晚時間	
偶爾有點麻煩		見到面注意到變化	可以放鬆	能製造回憶	睡前片刻
裝傻&找碴	看得見孩子們的成長	按摩券	真心感到輕鬆自在	多半無所事事	
各種時光	事後會很懷念		有時也會無話可聊	幫忙時	寶物

360 度探索是一種探索自己潛意識的方法。設定一個「自己珍視的事物」，從各種角度用文字寫出 30 個那項事物的特徵。設下時間限制，盡可能多寫一些，可以發掘連自己都不曾意識到的事。相信你能從中發覺自己潛在的思維，獲得新的視角。

畫圖的順序

❶ 選定探索對象

設定一樣「自己珍視的事物」。比方説，長久以來愛用之物、一直很重視的時間、總是隨身攜帶的物品等，請具體地想像並選定一樣。

> 與家人相聚的時間

❷ 畫線格成 30 格

畫線格成 30 格。格子有大有小，思考起來會比較有樂趣，因此不必用尺畫。

> 與家人相聚的時間

❸ 用 10 分鐘寫出對象的特徵

用文字把「自己珍視的事物」的特徵寫在格子裡。設定時間限制，要在時限內寫出來，因此能強制性地想出種種特徵。

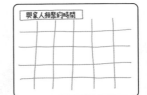

❹ 拚命填滿所有格子

細思慢想的話，會趕不及在 10 分鐘內填滿所有格子。反正就拚命把想到的特徵都寫出來，可以轉換視角，從各種方向去思考並寫出特徵。

❺ 發掘不曾意識到的部分

待全部格子都填滿，看著所寫的特徵，找出過去不曾意識到的部分。思索自己珍視那樣事物的理由，會發覺自己做選擇時的標準和價值觀。

5

內省的水面

（訣竅）想到的事寫出來後，就會漸漸清楚隱藏在背後的東西。

方法 掌握過去和現在的不同

尋找改變

🕐 15 分鐘～1 小時

👤 1 人

✏️ 1 張白紙、筆

ℹ️ 1 人集中精神靜下心來畫

📋 有模板

2019.12

2020.12

- 現在變成線上聯繫
- 活動時間提早了
- 能做的事現在會一一去做

　　尋找改變就是寫出從過去到現在自己發生的改變，並思考那改變具有什麼意義的方法。寫下過去和現在的兩個時間點，並將自己的具體狀態畫成一幅畫。比較兩張畫可以發覺造成自己狀態改變的主要原因和帶給自己的影響。

畫圖的順序

❶ 設定想要理解其間變化的兩個時間點

在紙張的左右各畫一個四方形，設定左側為想要回顧的過去，右側為現在。

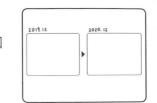

❷ 左側畫自己過去的狀態

左側的方框裡畫自己過去的狀態。為了綜合性地理解當時的狀況——在哪裡做什麼——盡可能畫成一幅畫。也可以參考「場景擷圖」（見第 3 章）。當然，用文字補充說明也沒問題。

❸ 右側畫自己現在的狀態

右側方框畫自己現在的狀態。儘量畫得能與左側的圖作對照。

❹ 寫出兩者間的改變

左右兩張圖對照著看，用條列式寫出狀況改變所帶來的覺察。也要特別注意圖中未著墨的部分，如「我在做的事有何不同？」「我的心情有何轉變？」「環境呢？」「周遭的人呢？」等。

❺ 思考為何會有這樣的改變

寫出兩個時間點的改變後，好好地自我探問。思考「這改變為何發生？」「有何影響？」「往好／壞的方向改變的主因為何？」能得到領悟。

 訣竅 客觀地比較兩個時間點的變化，而不去在意中間經歷過的時間。

方法 將自己的人生比喻成故事

人生篇章

⏱ 5～15 分鐘
👤 1人
✏ 1 張卡片、筆
ℹ 1 人集中精神靜下心來繪製

人生篇章就是將自己的人生比喻成一則故事，像在設計書的篇章，利用章節編號、標題、插圖來表現。用章節編號寫下此刻自己的人生走到故事的哪個段落，再用標題和插圖呈現那段故事的內容。趁人生的轉折點、休長假等時機遙想自己的人生，會讓我們有機會理解此刻的自己。

畫圖的順序

❶ 將自己的人生比作故事然後胡思亂想

假設自己從出生到死亡的一生是一則恢宏的故事，
那會是怎樣的故事呢？自己此刻正走到故事的哪個
段落？撥出一點時間來天馬行空地想像。

❷ 加上章節編號和章名

將卡片仿照書的篇章，在中央寫上章節編號和章
名。章名是要讓人理解自己此刻的狀態，請想出能
夠簡潔地表達出那狀態的詞彙。

❸ 繪製篇章插圖

在卡片空白部分畫故事的插圖。要怎麼畫，可以自
由發揮，可用圖畫表現章名，或是用抽象的線條表
現此刻的狀況。

❹ 試著想像故事接下來的發展

人生還很長。今後一定還有更有趣的事物在等著我
們，試著想像故事情節吧！

❺ 寫上當天的日期加以保存

把這張卡片當作人生的一頁保存起來，並註記繪製
的日期。

 訣竅 當作在講故事，想像充滿戲劇性的情節。

要點 ─────
內省時的重點

一人集中精神思索

為了內省，第一步要做的就是撥出時間。把能夠一個人端正姿勢好好專注於一件事的時間寫進行事曆。利用早餐前、晚上睡前、週末的咖啡時光等，能夠擺脫非做不可的事務、深呼吸的時間來進行，效果會很好。

寫在紙上、想一想

如果只是要輸出腦中的想法，用智慧型手機也行；但在回頭反思自己時，拿筆動手寫在紙上比較能活化思考。若使用自己喜歡的筆和筆記本，還會感到雀躍，效果更好。

持續不斷內省

持續不斷內省，會更容易客觀地看待自己，慢慢地看見自己的改變。一個月一次，或一年一次也沒關係。當作是定點觀測，持續嘗試看看吧！

結構 ————
內省的技巧

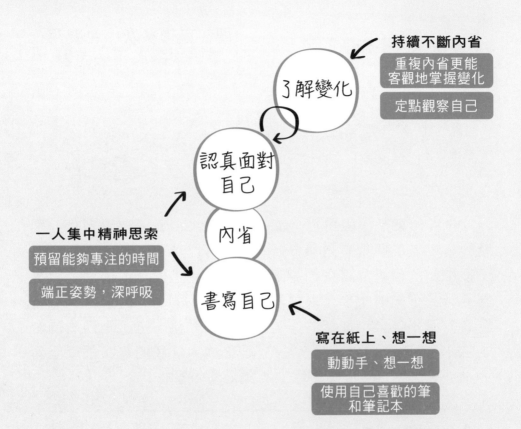

持續不斷內省

重複內省更能
客觀地掌握變化

定點觀察自己

了解變化

認真面對自己

內省

一人集中精神思索

預留能夠專注的時間

端正姿勢，深呼吸

書寫自己

寫在紙上、想一想

動動手、想一想

使用自己喜歡的筆
和筆記本

　　認真面對自己、促進內省的視覺思考分為兩個階段。第一個階段是「書寫自己」。一個人一邊專心思索關於自己的種種，一邊寫在紙上，可以掌握自己的狀態。

　　第二階段是「認真面對自己」。為了客觀地重新理解寫出的內容，要獨自集中精神思索。不斷重複這個過程，會讓人學會更客觀地看待自己、認識自己。

心態 ————
用全新的心情內省！

發現過去不知道的事

即使重複多次，也要用第一次的心情去面對

內省如果是檢視自己已想過的事，無法期待有效果。為了獲得新的領悟，讓我們著眼於「過去不知道」、「未曾意識到」而不是早已知道的事，並加以理解吧。

時代和環境時時刻刻在變化，自己身處其中也不斷在改變。即使是同樣的方法，實施的時機不同，有時會得到完全不同的結果，這正是內省的有趣之處。讓我們每次都以全新的心情內省吧！

⚠ **阻礙內省的怪物**
不行怪

不行怪是由自己的軟弱和高傲所凝結而成，可說是另一個自己的妖怪。「不論再怎麼努力也不可能」、「好想踢掉其他人」、「是大家的錯」、「為什麼我得不到別人的肯定」，不行怪沉浸在黑暗的心情裡。不過那也是自己，別驚訝，慢慢地理解牠吧！頭腦轉個彎，原本看似缺點的部分肯定也會變成優點。

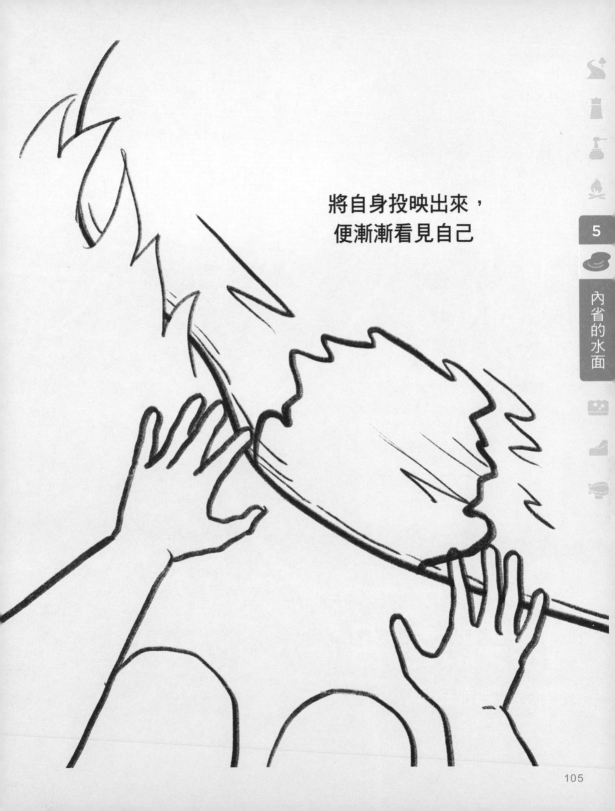

將自身投映出來，
便漸漸看見自己

第 6 章
THE SWAMP OF EXPLORATION

探究之沼

潛入深處即可
明白本質

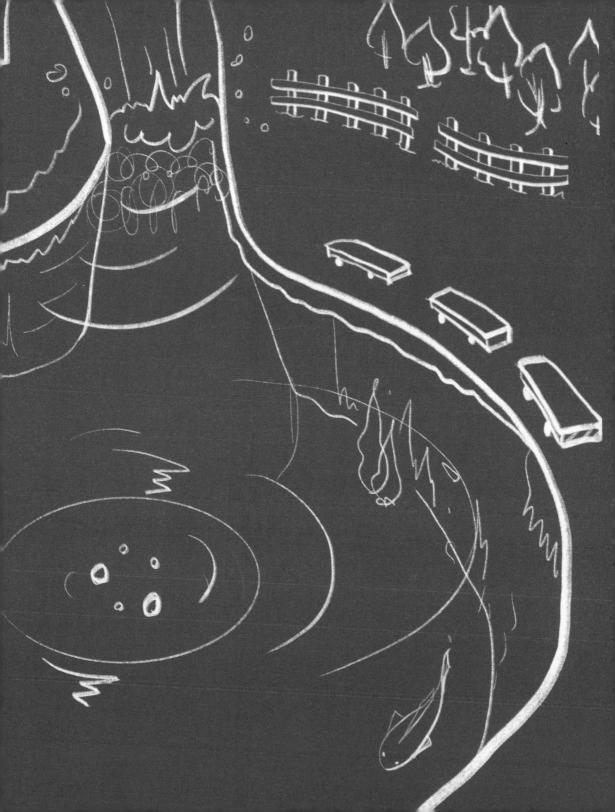

定義 ————

探究是什麼？

你可曾遇過在尋找問題癥結並加以改善的過程中，狀況變得更糟、無計可施？

當我們想要理解複雜的狀況、弄清楚結構時，資訊量太多有時可能會讓頭腦打結。

看得見的事物背後有種種因素在翻攪著。未充分理解各個因素間的關係和本質便進行思考，並無法釜底抽薪。

這種情況正是應當探究的時候。

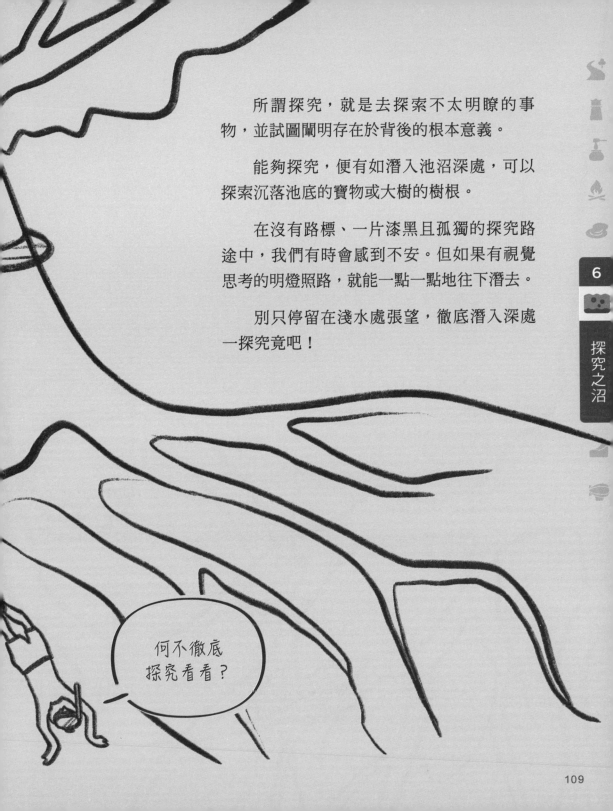

所謂探究，就是去探索不太明瞭的事物，並試圖闡明存在於背後的根本意義。

能夠探究，便有如潛入池沼深處，可以探索沉落池底的寶物或大樹的樹根。

在沒有路標、一片漆黑且孤獨的探究路途中，我們有時會感到不安。但如果有視覺思考的明燈照路，就能一點一點地往下潛去。

別只停留在淺水處張望，徹底潛入深處一探究竟吧！

何不徹底
探究看看？

做法 ————————

探究該怎麼做？

　　為了探究，我們必須不被表面發生的事所惑，而去關注其背後的「原因」、「意義」。必須一邊問「為何會變成這樣？」「當中有什麼因素？」一邊深入探究。

　　感覺就像是努力回想資訊，同時循著那線索慢慢潛下去。為此，探究的視覺思考可派上用場，也就是將資訊按順序排列、探究資訊間的關係，並以各種不同於一般大眾的視角審視那些資訊。

　　重新將探究過程中逐漸發現的事實畫出來，相信能促使探究繼續下去。

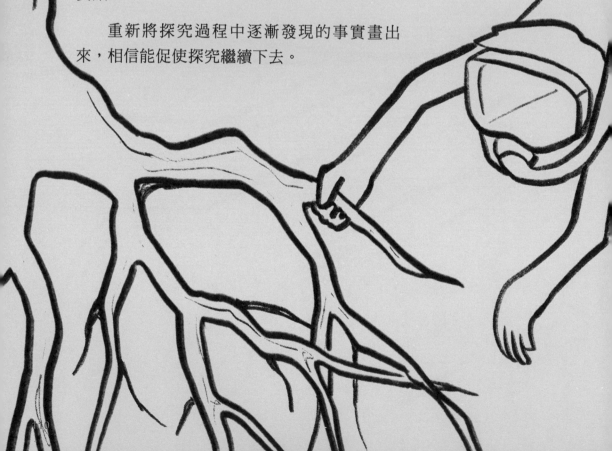

探究的 4 種方法

用色筆分開來畫，以獲得領悟

資訊蒐集分析筆記　會議中的白板紀錄

自由研究筆記

▶ 三色解讀／P112

將問題的原因進行結構性整理

整理網站或應用程式要修改的地方時

追究工作問題的原因時

說明服務更新的方針時

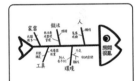

▶ 魚骨圖／P114

全面探究事物存在的意義

商品開發的概念研討　店鋪翻新策略

廣告詞研討

▶ 功用甜甜圈／P116

以世界做比喻來解釋關聯性

企劃新計畫時　想探索並闡明複雜的概念時

與許多人分享願景時

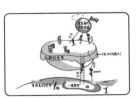

▶ 有意義的世界地圖／
　P118

6

探究之沼

方法 用色筆分開來畫，以獲得領悟

三色解讀

- 🕐 10 ～ 20 分鐘
- 👤 1 ～ 4 人
- ✍ 筆記本或白板、3 種顏色的筆
- ℹ 1 人獨自做、由 1 人帶著做

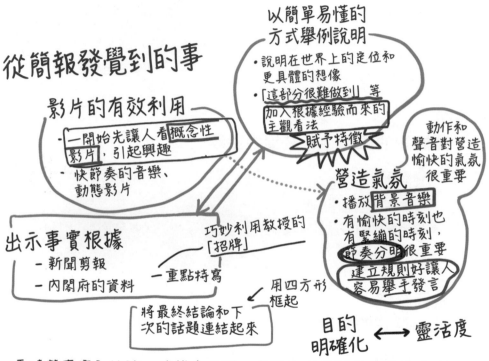

弄清楚事實和結論，使節奏分明，有愉快的時刻也有緊繃的時刻

　　三色解讀是一邊閱讀並理解各種資訊混雜、未經整理的筆記本或白板內容，一邊掌握要點的方法。邊用色筆圈出想關注的內容、用箭頭連接相關的部分，邊解讀內容。解讀過程中發現的重點要用文字記下來。就算筆記時沒有整理得井井有條，仍然可以從做好的筆記挑出許多重點。

畫圖的順序

❶ 準備解讀筆記本

翻開稍後要用來進行閱讀理解的筆記本（白板）。會議上聽到的意見、調查查明的實例、記下的創意等，讓各種各樣的資訊散亂在紙上吧。

❷ 用綠色解讀結構

用綠色的筆將一段一段的內容或小結圈起，再用線條連接相關的部分。線條畫得歪七扭八也沒關係，因為目的是要把哪裡寫了什麼大致看過一遍。

❸ 用藍色標記「初次看到」

用藍色的筆把「初次看到或以前不知道的事」圈起或畫線，並用藍筆寫出讓你印象深刻的理由。

❹ 用紅色標記「覺得有趣」

用紅色的筆把「覺得有趣或讓你想起什麼的部分」圈起或畫線。可以純粹是個人的感想。理由也要用紅筆寫出來。

❺ 用句子寫出逐漸發現的事

縱觀用紅、藍、綠3種顏色的筆進行解讀的結果並加以理解，同時用句子將漸漸清楚的事寫出來。重新檢視原始筆記上所寫的目的後再寫出來吧。

 （訣竅） 將原始資訊和加上顏色的解釋切割開來看。

方法 將問題的原因進行結構性整理

魚骨圖

⏱ 30 分鐘～ 2 小時
👥 1～ 6 人
📝 1 張白紙、筆、便利貼
ℹ️ 邊討論邊整理
📄 有模板

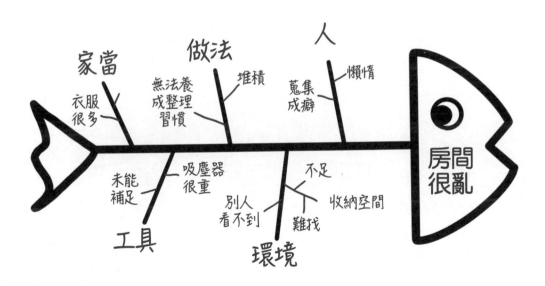

　　魚骨圖是一種分析問題的特性和主因的方法。依照魚骨的形狀結構式地寫出問題發生的主因並加以掌握。由於能釐清問題的全貌，對於複雜的問題或規模過大而難以看清的問題等很有效果。

❶ 將「問題」寫在魚的頭部，再畫魚的脊椎和尾部

用文字將「想解決的問題」寫在魚頭，例如：「○○服務很難用」、「○○缺乏人氣」等，揭示已顯而易見的問題。頭部畫好後，畫脊椎和尾部。

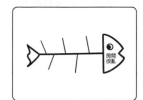

❷ 將「掌握問題的觀點」寫在大魚刺上

畫 4～6 根與脊椎約呈垂直的大魚刺。這些是用以掌握問題的軸心。例如：「材料」、「人」、「方法」、「機械」、「環境」這一類的視角。使用容易想像的詞彙，依此標準調整、追加，以便從各種視角去思考問題。

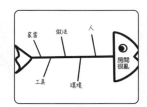

❸ 將「問題的主因」寫在小刺上

將「問題的主因」寫在小刺上，例如：「為何會發生這樣的問題？」等，寫出想得到的所有主因。對大魚刺部分有想追加的內容，也可趁這時加筆添註。

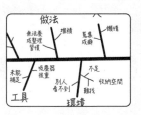

❹ 縱觀整體同時檢查有無遺漏

再次檢查有關魚頭上所寫的「想解決的問題」，有無漏寫的主因。

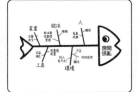

❺ 邊看邊檢視

縱覽全圖進行檢視。「何種性質的問題居多？」、「重大問題發生在何處？」、「應當盡早處理或需要慢慢改善的部分在哪裡？」等，讓我們邊討論邊思考吧！

 （訣竅）問題發生的原因潛藏在各個角落。

方法 全面探究事物存在的意義

功用甜甜圈

⏱ 30 分鐘～1 小時

👤 1～10 人

✏️ 1 張白紙、筆

ℹ️ 由 1 人主導進行

📄 有模板

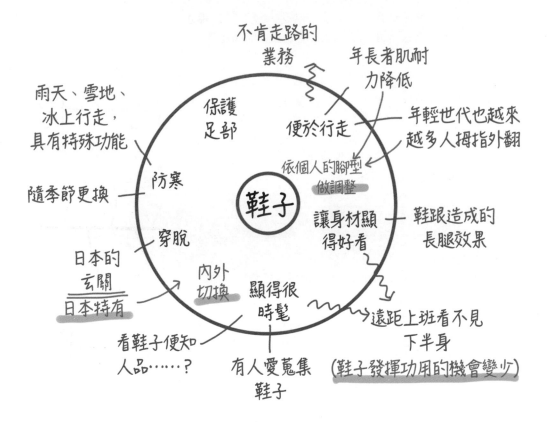

功用甜甜圈是一種依甜甜圈的形狀寫出一樣事物的功用進而有所發現的方法。以事物為圓心，將功用寫在圓心四周，第二圈再寫狀況和背景。仔細看寫出的內容之間的關係，找出隱藏的意義和功用，可以讓我們從不同的視角去探究那樣事物，理解其存在意義。這是科學、技術日新月異和價值觀轉變之下，導致事物的功用漸漸不同以往的現代特有思考法。

畫圖的順序

❶ 畫出甜甜圈的形狀

仿照大的甜甜圈畫一個兩層的同心圓。甜甜圈的洞畫小一點。

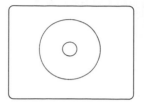

❷ 寫上想分析的事物

將主題用文字寫在甜甜圈的洞裡。建議用「椅子」、「店鋪」、「公車站」、「同期社群」、「粉絲社團」等單純的名詞。

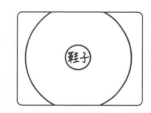

❸ 寫出事物的功用

將事物的功用寫在甜甜圈的麵糰部分。功用指的是事物具有的功能、透過那樣事物所進行的活動等。想到什麼就原封不動寫出來吧。

❹ 寫出狀況和背景

將功用所需的狀況和背景寫在甜甜圈的外側。可以寫物理環境、社會性和文化性的背景等。去想「為何需要那項功用？」之類的理由，會比較容易寫。

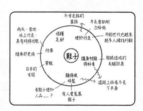

❺ 發現新功用並補寫上去

將狀況和背景一一寫出，應該能覺察到以往不曾發現的功用。將新發現的功用補寫上去。「正因為這種狀況才具備的功能是什麼？」、「因為這樣的背景才具有的意義為何？」

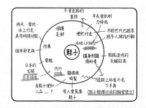

 訣竅 從這類提問出發，更深入地思索。

方法 以世界做比喻來解釋關聯性

有意義的世界地圖

⏱ 4 小時～3 個月

👤 1 人

✍ 1 張白紙、各種筆

ℹ 1 人專心繪製

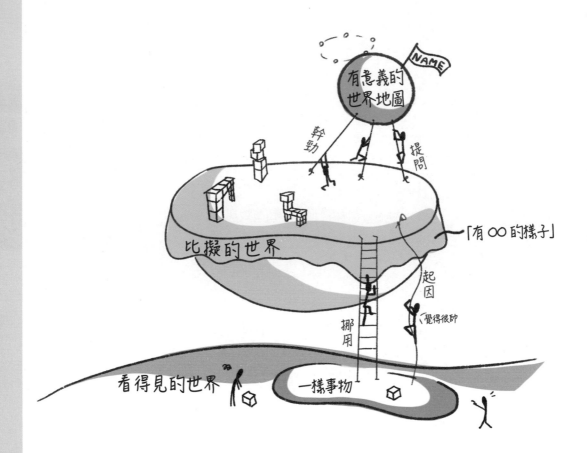

　　有意義的世界地圖就是將事物的關係和結構比喻成一個世界，以帶有縱深的地圖來表現。用含有大地、海洋等各種地形的世界代表想要描述的事物全貌，用概念上相似的東西表現想描述個別元素的特徵或性質。本書開頭的地圖也是採用這種手法。為難以掌握的複雜事物賦予具體的外形，製造理解的契機。

畫圖的順序

❶ 確認想理解的世界

弄清楚想要理解的世界。例如：「金融業界」、「學程式的人的世界」、「茶道的世界」等，選擇自己感興趣的世界。

❷ 用人型描繪那個世界裡發生的事

檢視那個世界發生的種種事件和小故事，提出幾點特徵。用人型和具體物品描繪發生的事。

❸ 用地形描繪事物的關係和結構

用地形描繪那個世界發生的事和各自的關係、結構。用山、海、斜坡、平原、森林等最合適的地形構成一個世界。

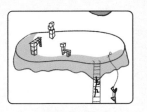

❹ 依最合適的關係進行配置

畫好人型和地形之後，依最合適的關係去調整各項要素的位置。類似的活動就配置在附近，一面解讀其關聯性，一面反映在地形上。

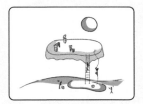

❺ 探索個別人型和地形整體的意義

縱觀整個地圖和個別人型所顯示的行動，思考其各自的意義。具體來說，就是檢視「此個別行動對整體具有什麼樣的意義？」、「各個行動集合起來，就整體來看具有怎樣的意義？」、「大地的上方和下方有意義嗎？」這類的問題。

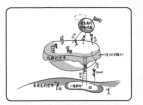

※ ②～④可以不按照順序畫

 訣竅 思考細部時一直意識到整體的關係。

要點 ————
探究時的重點

利用圖形掌握關係

　　我們在探究事物時，首先應當關注的是「關係」。因果關係、相關關係、包含關係……，用文字描述這些關係很麻煩，但用圖形表現倒很容易。用圓形或方形把資訊圈起，並有效利用箭頭，即可顯現出關係。

強調並畫出想要關注的部分

　　為了從大量資訊中很快地辨識出特別的訊息，我們會利用顏色或大小等去凸顯那項訊息。進行探究時，使用多種顏色反而會不易看清楚，因此要設定顏色使用規則，例如只在想關注的部分搭配顏色等。

更動、調換，進行探索

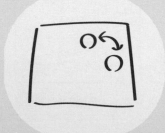

　　不是畫好就沒事了，更動位置、調換內容是探究必不可少的工作，而且還要講究配置，畫內側還是外側？畫近還是畫遠一點？諸如此類探索要素間的關係。

　　使用便利貼之類的物品，一次又一次地重新描繪吧！

探究的技巧

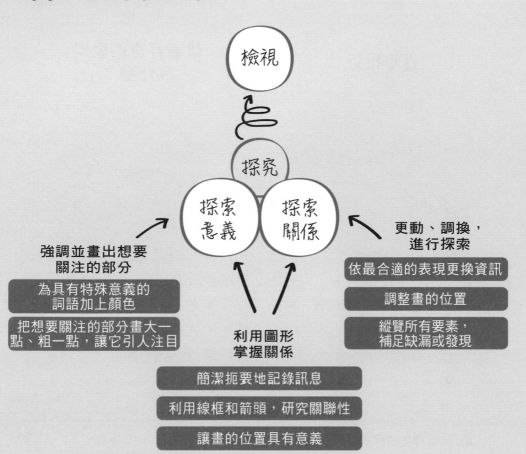

探究

檢視

探索
意義

探索
關係

強調並畫出想要
關注的部分

為具有特殊意義的
詞語加上顏色

把想要關注的部分畫大一
點、粗一點，讓它引人注目

利用圖形
掌握關係

簡潔扼要地記錄訊息

利用線框和箭頭，研究關聯性

讓畫的位置具有意義

更動、調換，
進行探索

依最合適的表現更換資訊

調整畫的位置

縱覽所有要素，
補足缺漏或發現

　　探究的視覺思考在進行中會經常更動、調換資訊。描繪並摸索「是怎樣的關係？」「意謂著什麼？」能促進探究。為了「探索關係」，要用線框、箭頭等便於掌握結構的符號來描繪。為了「探索意義」，將具有特殊意義的詞語塗上顏色等，強調想關注的部分。像這樣不斷摸索、追求最合適的表現，將創造一個能夠探究的狀態。

心態 ————

用好奇的心情探究！

逐步接近

懷著好奇心思索「為什麼？」

探究時不能沒有深入、徹底地思考。陷入僵局時，先別試圖給出答案，分幾次一步一步前進吧！換個視角或手段可以深化思考。

若非懷著強烈的意念、想要解開不明白的事，是無法進行探究的。必須對對象懷有好奇心，才能一面再三追問、解讀關係，一面不斷探索本質。

⚠ 阻礙探究的怪物
小聰明怪

小聰明怪是會用輕忽的態度，如「就是這種感覺對吧？」「之前就是這樣！」隨便給個結果打發人走的怪物。牠最愛便利貼，一張接一張地排滿一堆便利貼，讓人以為已努力過、思考過、已完成探究了。

要小心小聰明怪一旦上身，便永遠得不到滿意的結果！即使在孤獨的探究旅途中也不要著急，用自己的雙手慢慢探究下去吧！

潛入深處便會
漸漸發現寶藏

視覺思考的工具不光是紙和筆

近來，各種應用程式被開發出來，在電腦和智慧型手機上也能像使用紙、筆那樣畫圖。在實踐視覺思考的人當中，活用平板電腦的人越來越多。尤其蘋果公司（Apple）的 iPad 是使用專用的筆畫圖，不僅感覺像在紙上作畫那樣能畫出纖細的線條，而且有許多功能可用，非常方便。

如何靈活運用紙張和平板電腦

畫圖的難易度當然因人而異，但在面對不同的工作場地與參加者時，也會造成差異，因此有必要依狀況靈活運用紙張和平板電腦。

比方說，座談會、活動等一人畫圖與眾人分享的場合，使用紙張比較看得清楚畫圖者的行動；使用平板電腦的話比較看得清楚描繪的內容。要依想呈現的是努力投入的過程還是內容來靈活運用。

在會議、工作坊等全體參加者看著同一張紙畫圖的場合，使用紙張比較容易建立全體一起畫圖的方式；使用平板電腦的話比較容易共享資訊。要依重視的是團隊一起努力的過程還是結果，做靈活運用。先確認目的，再選擇效果較佳的工具。

特性和可期待的效果

使用紙張	使用平板電腦
• 容易捕捉畫圖者的動態 • 可以將畫好的圖揭示在任何地方 • 可以靠近仔細看畫好的圖，因此比較容易產生交流 • 由於是任何人都會用的工具，容易參與進行 • 容易製造與特定的人一起深入思索的環境	• 容易讓全體一起觀看同一事物 • 可以將資訊放大縮小、移動、轉換，經過調整再揭示出來 • 變成影像後較易於訊息傳遞，因此會擴散、傳播得更迅速 • 便於活用照片、圖形、圖表，能用高度的技術來表現 • 易於製造與多人共同思索重要之事的環境

線上會議也能進行有效的視覺思考

在線上會議方面，除了連接平板電腦讓所有人看到同樣畫面，也可以把畫在紙上的圖拍照分享給大家，這樣就能補充視覺資訊。

線上會議總避免不了與會者很難了解彼此的狀況、很難看清楚談話展開過程的課題。在那樣的情況下有效利用視覺思考會讓與會者看見彼此、支撐討論繼續進行。遠距工作時，利用視覺思考「分享看得見的、已知的資訊」或許會越來越重要。

想像之丘

想出點子的外形，
理想便會顯現

定義 ————

想像是什麼？

　　希望想出有趣的點子，卻怎麼也想不出來；想到有趣的點子，卻無法好好地傳達給身邊的人。你有過這樣的經驗嗎？

　　腦中確實有了構想，但若不能讓它具體成形就會逐漸褪色，不久便消失於無形。

　　這種時候就讓我們盡情地想像吧！

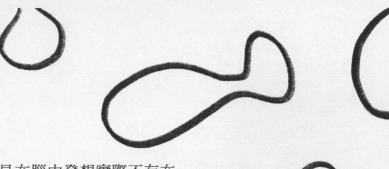

所謂想像就是在腦中發想實際不存在的事或場面，隨意塑造出它的形貌。

能夠想像的話，腦中閃現的念頭會化為點子，理想的模樣漸漸顯現。連抓住雲朵這樣的事也變得越來越具體。

讓我們宛如一邊摸著雲朵一邊為它塑形般，愉快地表達自己的想法，同時慢慢將點子具體化吧！

何不想像看看？

做法 ————

該怎麼想像？

想像的祕訣在於想出「場面」和「外在的樣子」。

怎樣的時間和地點、怎樣的人物和狀況，會構成「場景」。

怎樣的形狀、什麼顏色、大約多大，是「外在的樣子」。

想像的視覺思考，即是想出這些實際並不存在的「場景」和「外在的樣子」，並予以具體化，這將會施展出想像的威力。

腦中的想像因人而異。讓我們畫出來後反覆推敲，慢慢找出它的形狀吧！

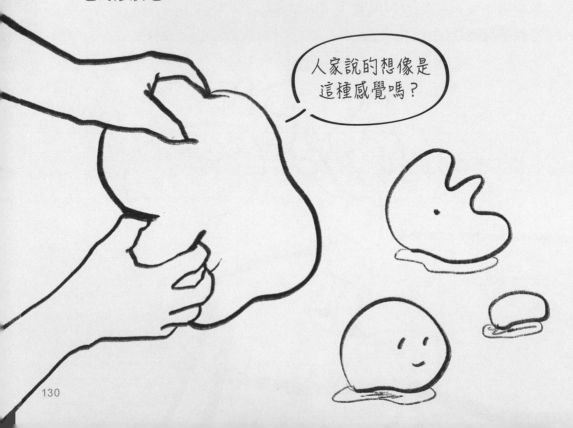

想像的 5 種方法

用圖畫記錄構想

- 服務企劃或商品企劃
- 為解決課題出主意時
- 宴會的活動企劃

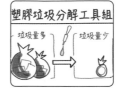

▶ WOW 筆記／P132　　▶ 變化筆記／P133

用當事者的角度講述體驗

- 影片的腳本編寫
- 使用者體驗設計中的使用情境設計
- 以顧客的角度確認處理程序

▶ 想像的紙上劇場／P134

團隊合力完成一張畫

- 想像未來的生活時
- 思考團隊一年後要從事的活動時
- 設計吉祥物時

▶ 畫圖接龍／P136

將周遭事物比擬作生物

- 提高創造力的研習活動　　當作頭腦體操
- 與孩童遊戲時

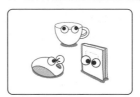

▶ 眼球劇場／P138

將構想張貼在生活空間

- 想改進設計時　　選定設計時
- 與孩童遊戲時

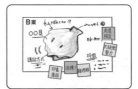

▶ 構想畫廊／P140

方法 用圖畫記錄構想

WOW 筆記

⏱ 1～5 分鐘 × 多次

👤 1人（多人各畫各的）

✍ 大張便利貼或 A5 尺寸的紙張

ℹ 每人畫數張

📁 有模板

WOW 筆記就是想像並描繪體驗者為腦中突然閃現的想法感到喜悅的狀態。描繪體驗者喜悅的表情和聲音，理解他們的感受，可以弄清楚自己感動的點，同時做出容易引起共鳴的筆記。

畫圖的順序

❶ 設定題目

設定明確的主題。例如：「獲得顧客滿意的待客方式」、「五年後的農村生活」等。

❷ 描繪體驗者的表情和心情

想像體驗那構想的人的心情，描繪體驗中的表情。用對話框寫上心情正愉快時會說的一句話。

❸ 寫出構想的 3 個特徵

根據體驗者的反應，條列寫出構想的 3 個特徵。

❹ 為構想下標題

寫下標題，儘量讓人一看就明白構想的內容。用簡潔、容易記住的文字來表現。

  在腦中想像喜悅的人的臉，特別要注意臉上的表情。

方法 用圖畫記錄構想

變化筆記

⏱ 1～5分鐘 × 許多次

👤 1人（多人各畫各的）

✏ 大張便利貼或 A5 尺寸的紙張

ℹ 每人畫數張

📄 有模板

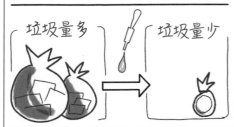

塑膠垃圾分解工具組

垃圾量多　垃圾量少

變化筆記就是描繪構想出現之前和之後發生的變化。

使用箭頭畫成對比的形式，可以更明確地表現其價值。

━━━ 畫圖的順序 ━━━

❶ 設定題目

一開始要設定明確的題目。比方「愉快地早起需要什麼？」「炒熱線上活動需要什麼？」等。

❷ 想像能產生巨大改變的場景

尋找有了構想後可能受到最大影響的場景。想像改變發生前和發生後的時間點。

❸ 在左、右描繪之前和之後

左側畫改變發生前的狀態，右側畫發生後的狀態，並畫上由左往右的箭頭。

❹ 為構想下標題

寫下標題，儘量讓人一看就明白構想的內容。用簡潔、容易記住的文字來表現。

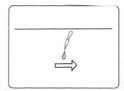

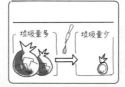

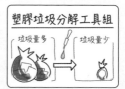

 訣竅 也要思考為了發生改變需要什麼。

方法 **用當事者的角度講述體驗**

想像的紙上劇場

⏱ 30 分鐘～2 小時

👤 1～6 人

📝 便利貼、約 12 張 A3 尺寸的
紙張或四開的圖畫紙、色筆

ℹ 用便利貼檢討情節發展，
畫成像連環圖戲劇

　　想像的紙上劇場就是用 12 張左右的連環圖畫來表達使用商品
或服務的體驗，即編寫一個以體驗者角度展開的故事。從訴說困
擾和想做的事開始，最後是圓滿的結局。畫的部分用簡單的人物
和對白來表現。

　　由於想故事情節時能貼近體驗者的心情，因此能創造出受到
體驗者喜愛的服務。

❶ 設定想描繪的體驗

選定要用想像的紙上劇場呈現的體驗。如果沒有想法要表達，就想一想「這裡有什麼想改善的？」「想要表達什麼？」

❷ 檢討故事的構成

第一張是標題，第二張寫出場人物的設定，用第三張以後的 10 張圖發展故事。第三張從困擾或想做的事說起，就能編出一個簡單易懂的故事。結局要朝圓滿收場的方向去思考。有時也會邊畫邊修改，所以不要設定得太過詳細。使用便利貼會比較容易進行檢討。

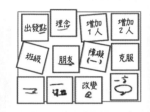

❸ 畫主角的人物形象

第二張畫故事的主角。用人型圖和文字表現人物形象。可以採用像豆豆人（見第 1 章）那樣最低限度的表現方式。文字的部分要簡單扼要，簡述姓名、年齡、職業、性格等與故事有關的資訊。

❹ 邊畫圖邊完成故事

第三張到第十二張慢慢用圖畫呈現、完成一個故事。同時別忘了上色。並加上口白讓人型圖說話。一用圖畫表現便冒出新的點子，有時也會需要修正，讓我們將它越修越完善！

❺ 加上標題發表出來

最後加上故事標題，想像的紙上劇場便完成。趕緊向大家發表吧！當作演戲似的大聲念出，更容易讓人像聽故事般產生共鳴。

 （訣竅）著重在心情方面，有意識地刻畫情緒高張、熱烈的場面。

7

想像之丘

方法 團隊合力完成一張畫

畫圖接龍

⏱ 30 分鐘〜1 小時
👤 3〜6 人
✏ 1 人 1 張白紙、6 種顏色的筆
ℹ 邊傳遞紙張邊畫

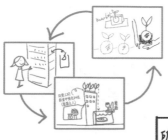

　　畫圖接龍就是團體中的每個人按順序添筆加畫，合力發揮創意完成一幅畫的方法。所有成員一人發一張紙，後面的人利用前一人畫的線條繼續畫下去，完成超出每個人想像的圖畫。能夠在偶然形成的圖像刺激下同時發展數個創意。

畫圖的順序

❶ 設定發想創意的主題

設定接下來要發想創意的主題。以感覺畫什麼都行、沒有標準答案的問題當作主題吧。比如：「所謂未來的農村生活是？」「忘不了的簡報方法是？」「我們的吉祥物指的是？」這類的主題。

❷ 第一個人開始畫

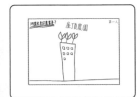

所有人各自準備好一張紙，畫出自己對主題的想像。只畫一條線也可以。定下時間限制，在時間內畫出能畫的圖（設定 1～3 分鐘，效果會不錯）。

❸ 傳遞紙張，第二個人以下按順序畫圖

一人的規定時間到了的話，就把紙張依順時針傳下去。運用前一人畫的內容繼續畫下去。請設定時間限制（設定 2～3 分鐘會很有效果）。此後同樣依順時針傳下去。

❹ 由最後一個人完成

紙張傳到最後一個人的話，最後的人要花點時間把畫完成。

❺ 將圖稿展示出來並說明

由最後的人把畫好的圖展示出來並說明。看不懂在畫什麼的部分，請邊推想邊說明。要享受推想的過程，以吸引旁人仔細聆聽。全體參加者要各自發表手上完成的草圖。

 (訣竅) 在別人的畫上加上新的畫，享受偶然的樂趣。

方法 將周遭事物比擬作生物

眼球劇場

⏱ 30 分鐘左右

👥 2 人以上

✏ 白紙、筆、剪刀、膠帶

ℹ 帶著物品邊走邊想

　　眼球劇場就是把畫在紙上的眼睛剪下來貼在物品上，想像那物品所生存的世界。具體想像它「在怎樣的場所做什麼動作？」「個性如何？都在想什麼？」等。為了找出物品被利用的環境和脈絡，必須仔細觀察物品的外形和功能。乍看是很簡單的遊戲，但當作鍛鍊想像力和觀察力的訓練會很有效果。

畫圖的順序

1 製作眼珠

在紙上畫眼珠並剪下來。眼珠的大小和表情自由發揮。用便利貼畫會很方便。

2 將眼珠貼在各種物品上注視著它們

把眼珠試著貼在身邊各種物品上。很奇怪的，一貼上眼珠立刻看似有了生命。享受那種感覺，暫時注視著它們吧。

3 邊走動邊想像「假使它有生命的話？」

從貼上眼珠的物品中選一樣，具體想像它「生活在怎樣的地方？」「走路的樣子、如何移動」。用手拿著它實際走動之下，慢慢就會覺得它有如生物。

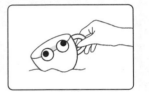

4 想像它的生活環境

慢慢想像它的「個性」、「家人」、「朋友」、「營養來源」等的生活環境。從各種角度設想現實中不會發生的事，但能說得有憑有據。

5 為它取名字

為它取個與個性相符的名字。

6 發表它的故事

發表至今為止想到的有關那樣生物的故事。一邊說明一邊重現其實際的動態吧！

 (訣竅) 將想像合理化，便會是具有說服力的故事。

想像之丘

方法 將構想張貼在生活空間

構想畫廊

⏱ 1天～2週

👥 1～6人

✎ 構想表單、便利貼

ℹ 會被看見的時機

　　構想畫廊就是將天馬行空的構想草圖公布在容易引人注意的地方，花點時間確認內容、獲得別人評語的方法。請人用便利貼寫意見貼上去。將畫貼在牆壁、門等地方，引起注意。由於可以從不同於伏案思考時的角度觀看，因此會冒出新的想法，或漸漸看清楚缺點。

❶ 選出有潛力的構想

從畫成草圖或做出樣品的構想中，選出具有潛力的構想。

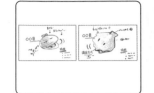

❷ 張貼在顯眼處

將構想的草圖公布在容易引人注意的地方。貼在平時常有人經過的走廊牆壁、樓梯平台或門上等，讓人一有機會就能看到它。

❸ 花時間寫評語

每次經過張貼處就發現一些好或不好的部分。每次有發現就寫便利貼貼上。請團隊成員也同樣這麼做。

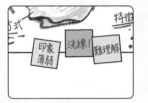

❹ 邊看評語邊更新

待蒐集到夠多評語就參考優、缺點，從中挑選出一個構想，慢慢加以修潤。

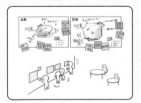

[線上進行時]

遠距辦公為主的情況，要利用線上白板或布告欄等功能讓構想被人看見。

 訣竅 讓天馬行空的想像出現在日常會看到的地方。

7

想像之丘

要點 ————
想像時的重點

粗略、快速地畫圖

　　為了刺激想像力，快速、粗略地畫圖很有效。試圖畫得精細又漂亮，就會囿於表現方式而無心想像。讓我們用粗字筆大概畫一畫吧！

調整畫法，儘量讓人能看出特徵

　　巧妙的構想或靈感可以有各種各樣的形狀。掌握這些形狀的特徵，改換視角和規模，選擇容易表現的畫法，效果會很好。描繪體驗、描繪改變、描繪效果、描繪物體的外形等，嘗試各種表現方式吧！

在各種狀態下觀看貼出的圖

　　為了提高想像的品質，為了檢驗順勢發想出的點子在日常生活中看起來如何，貼在牆壁或大家會看到的走道給人看，效果會不錯。一邊比較各種構想，一邊擇優採用吧。

結構 ————
想像的技巧

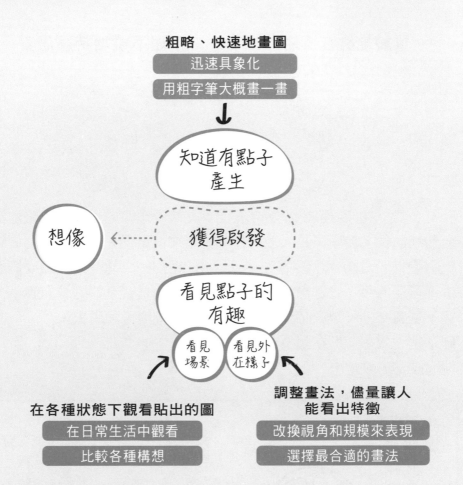

將接連產生的構想有效地落實為視覺圖像,會使想像大幅躍進。能有如此效果是因為我們在「知道有點子產<u>生</u>」的同時「看見它的有趣」,而我們也能從中獲得啟發。

心態 ————

用樂在其中的心情想像！

單純地樂在其中

多數人在孩提時都會自然而然地想像，但漸漸長大後，往往會覺得「這樣有意義嗎？」、「不可能的事，光是想它都是浪費不是嗎？」。想像時要把「正確」、「效率」拋在腦後，單純地享受它的樂趣！

不屈不撓地持續思索

享受想像的樂趣並粗略地描繪出來很重要，可是不能隨便以為什麼都好。想像時更需要捫心自問「我是否真的覺得有趣」，不屈不撓地思索下去。

⚠ 阻礙想像的怪物
潔癖菌

潔癖菌是我們在想像時，對無法掌握的狀態感到不耐煩，試圖動手整頓的怪物。牠會嫌「這個還差了點，靠一邊去」、「不太懂的東西就不要」等，摧毀創意的種子。

想法很天真或發想到一半雜亂無章也別在意，找出有趣之處，埋首想像吧！

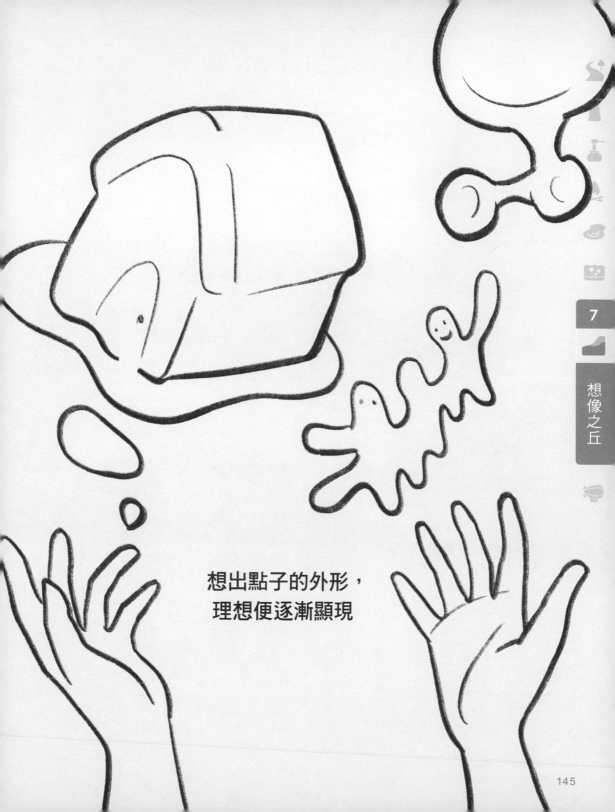

想出點子的外形，
理想便逐漸顯現

構思的飛船

描繪願景即可闢出蹊徑

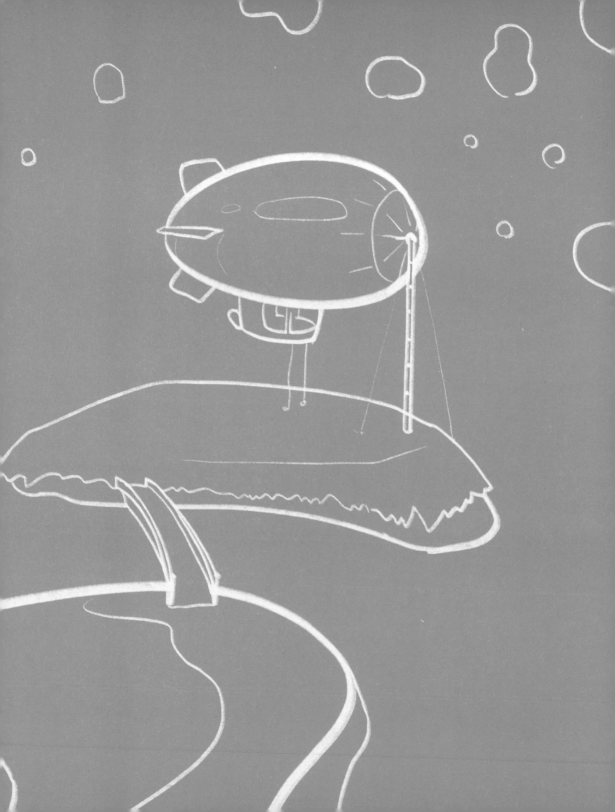

定義 ————

構思是什麼？

當你要開始從事新的活動，是不是會不知該從何著手？不知該如何彙整所有人的意見而停下腳步？

確定要做什麼後，也可能為了無法順利整合資訊而傷神。

打造未來的活動有如從零製造出一。需要許多能量和明確的願景。

這正是努力構思的時機。

這也許是
構思的時機

　　所謂構思，就是釐清要追求的目標，思考並建構出實現目標的方法。設定想要鑽研的課題或目標，想像和誰一起怎樣推進，做好付諸實行的準備。

　　就像我們要去旅行時會先選定目的地、安排交通工具、設定路線。

　　運用前文介紹過的各種視覺思考方法，猶如飛船升空般地構思吧！

做法 ————

該怎麼構思？

為了進行構思，我們有必要理解「目標」和「實現目標的方法」。麻煩的是，「目標」千差萬別，它會因為不同的狀況或環境、不同的人、不同的時機而改變。

為了在當中選取最合適的目標，我們有必要鳥瞰周遭的狀況、內省自身的想法、幻想未來。若非平時就常動腦筋思考，可能並不容易。

正因如此，構思的視覺思考要從腦中閃現的微小念頭開始畫起，畫出各式各樣的人的意見，並一直不斷改進，在這樣的狀態下進行構思會很有效果。

構思的 5 種方法

確定目標畫出路徑

- (個人新年伊始的目標設定)
- (說明計畫欲達成的目標時)
- (想將目標公告周知時)

▶ 願景橋／P152

將組織比喻成一艘船，描繪存在意義和目的地

- (制定組織的願景、使命) (社群開始運作)
- (說明計畫的目的)

▶ 目的船／P154

思考如何讓目標與價值產生連結

- (構思新事業時) (構思促銷方案時)
- (展開設計時)

▶ 體驗概念／P156

將計畫整理成一張紙

- (接受工作委託時) (計畫啟動)
- (完成交付的任務時)

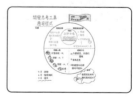

▶ 計畫球／P158

整理達成目的所需的任務

- (構思專案計畫時) (想解決課題時)
- (相關人員多的計畫展開時)

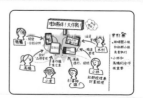

▶ 全員大作戰／P160

方法 確定目標畫出路徑

願景橋

⏱ 15 分鐘～1 小時

👤 1～20 人

🖊 1 張白紙、彩色筆

ℹ 1 人 1 張或全隊 1 張

🗂 有模板

　　願景橋就是描繪目標和抵達目標的路徑的方法。以旅程做比喻，表現左下方的自己如何抵達位於右上方的島嶼。對於看不見目標，或是多人追求同一個目標的情況，這方法很有效。不僅能釐清自己的目標，也比較容易與團隊成員分享。

畫圖的順序

❶ 寫上主題

將主題寫在左上角。請設定要思考的內容，例如：「今年的目標」、「本季想完成的事」等。用緞帶或看板的形式框起來，以凸顯出主題。

❷ 畫自己

在左下角畫自己的側面。側面不好畫的話，也可以畫成「豆豆人」（見第 1 章）。讓人物戴眼鏡，或塗上自己現在身上穿的衣服顏色，這麼做可以認知到他就是自己。

❸ 描繪目標

右上角畫一座島，用文字寫上目標，例如：「體重減 5 公斤」、「觀眾人數破一萬」等，加入數字會更加具體。為了讓目標醒目一點不妨將島塗上顏色。

❹ 畫連通目標的橋和重點

從自己腳邊畫一道橋連到島嶼。畫上達成目標所要解決的事項，設計成像對話框的形式。比方説，如果目標是減肥的話，就是「買慢跑鞋」、「開始慢跑」等。

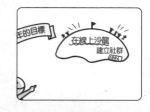

❺ 徹底調查希望珍惜的事

自己今後過橋時會遇到的課題、希望珍惜的事和注意事項寫在右下角。事前充分理解，之後就會比較容易應付。

 （訣竅） 讓自己出現在圖畫中就會對它產生情感，能夠全心投入達成目標。

方法 將組織比喻成一艘船，描繪存在意義和目的地

目的船

⏱ 3 小時～ 1 個月

👤 整個團隊、組織

✏ 1 張白紙、彩色筆

ℹ 一點一點修訂完成

📄 有模板

目的船是描繪組織存在的意義和正在前往的目的地之方法。將組織比喻作一艘船，船帆上畫船的存在意義，前方島嶼畫未來社會的樣貌（目的地）。組織的成員（公司員工等）即船員，將會充分理解自己搭上哪一艘船、要航向何處，或學會挑選要搭的船。擁有相同目標的組織成員一起工作起來也會更容易。

畫圖的順序

❶ 畫船

在中央偏左處畫一艘大帆船，象徵組織。船身側面寫上組織名稱。將組織擅長的事物（技術、解決方案等）透過繩索與船身相連。

❷ 畫島嶼及其特徵

右上角畫一座島。代表組織欲實現的社會。用文字在島上明確描述欲實現的社會樣貌。

在島的四周以關鍵字詞寫下對那個世界具體的想法。圍成圓圈等，讓它們融入畫中。

❸ 畫船員和個人的想法

在船內畫上船員，象徵組織的成員。可以只畫輪廓，並以對話框的形式寫出這群人在組織裡各自懷抱怎樣的願望。

❹ 在船帆寫上存在意義

將組織「欲實現的理想」寫在船帆上。請一面珍惜組織所抱持的原則和過往歷史，一面探索自己的身分認同，選擇最適當的詞彙。

❺ 將整體調整到合情合理

島上描繪的「社會」、船員的「願望」、船帆上揭示的「存在意義」，調整用詞用字好讓這些元素緊密地結合。

※②、④可以不按照順序畫

 （訣竅）尋找感到自豪的目標並揭示出來。

方法 思考如何讓目標與價值產生連結

體驗概念

- ⏱ 30 分鐘～ 3 小時
- 👤 1 ～ 20 人
- ✏ 有固定格式的表單 1 張
- ℹ 一再修改，探索自己滿意的構想
- 📁 有模板

主題 今後的**宅配服務**

🎁 **價值** 怎樣的快樂？	**體驗** 怎樣的體驗？　如何提供？	🙂 **目標對象** 什麼樣的人？
與在遠方的人 一起享受 **同樣的體驗**	一起享用同樣的 餐點並交談 相連的餐桌套餐	見不到孫子 很寂寞的 **祖父母**

　　體驗概念是構思事業、商品或服務時，所有商業場景都能使用的萬能手法，需要寫出價值、目標對象、體驗的方法。價值部分要寫讓人感到喜悅的根本價值；目標對象要寫最容易感受到價值的顧客或消費者屬性。然後思考如何提供價值給目標對象——體驗的方法。在劇烈變動，不確定要賣什麼、不知道市場在何方的現代，相信它會是一種指引方向的工具。

❶ 設定主題

寫出要構思的主題，例如：「新健康管理服務」、「居民參與型活動」、「教人如何○○的書」等，用文字寫出來。

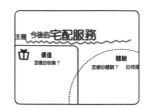

❷ 充分理解有關價值和目標對象的資訊

在具體構思主題時，要思考「要為什麼樣的人提供怎樣的快樂」。確認並充分理解在此之前取得的資訊和感受到的事。

❸ 填寫價值

想提供的商品或內容未定的話，就寫那樣事物具有的價值。不是規格或技法，而是想像體驗者會感受到的喜悅，以條列式簡要地描述。

❹ 填寫目標對象

顧客或市場確定的話，就寫上目標對象是怎樣的人。不是年紀、性別這類資訊，要著重在生活方式、嗜好等面向思考，簡要地描述。

❺ 填寫體驗的方法

價值和目標對象寫好之後，就要思考「怎麼做才能將這樣的快樂帶給這些人」。這裡是特別著眼於體驗。在怎樣的場所、使用什麼工具、按照怎樣的程序讓人去體驗？在腦中具體描繪體驗的場景吧！

※ ③〜④可以不按照順序寫

 (訣竅) 一再重寫找出最佳的組合。

方法 將計畫整理成一張紙

計畫球

⏱ 30 分鐘～ 1 小時

👤 1～8 人

📝 有固定格式的表單 1 張

ℹ 1 人 1 張或全隊 1 張

📁 有模板

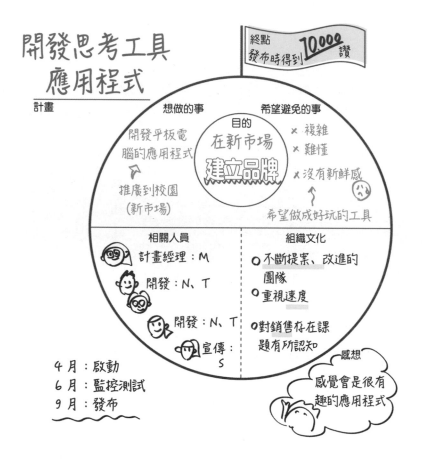

計畫球是將計畫所需資訊彙整在一張紙上，以幫助構想實現的方法。可以將所有重要資訊都寫上去，在交付任務或接受別人交付的任務時，能防止忘了告知或檢查疏漏的情況發生。對於團隊成員核對彼此對終點的認知也很有效果。

① 準備模板

用影印或照描等方式,預先準備好計畫球的模板。在計畫開始時,或確認彼此工作內容的會議上使用。

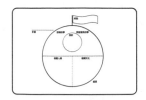

② 寫上想做的事和目的

摘要並記下想做的事(活動內容)和目的。以條列式只記要點就能寫得很簡短。

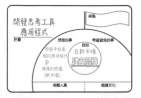

③ 寫上相關人員和組織文化

左側欄位寫和誰一起執行計畫、有哪些人會協助。右側欄位寫主導計畫推動的組織在你心中的理想樣貌和阻礙,藉此應該會逐漸清楚自己的定位。

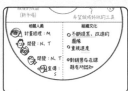

④ 確認並寫上希望避免的事

計畫的全貌逐漸顯現之後,就要確認「務必避免的情況」、「認為是失敗的場面」。可以改正一些小誤解。

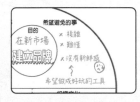

⑤ 明確設定終點

最後要明確設定「完成工作時應該是什麼狀態」,簡要地填入上方的終點欄位。重點是要寫一個有別於目的、更具體的目標。

⑥ 附上感想

會議結束後審視整個計畫,寫下自己的感想或個人意見吧!

 訣竅 如果寫得很不順,那正是回頭檢視的機會。

8

構思的飛船

方法 整理達成目的所需的任務

全員大作戰

🕐 30 分鐘～2 小時

👤 1～10 人

✏️ 1 張白紙、色筆

ℹ️ 全隊一張

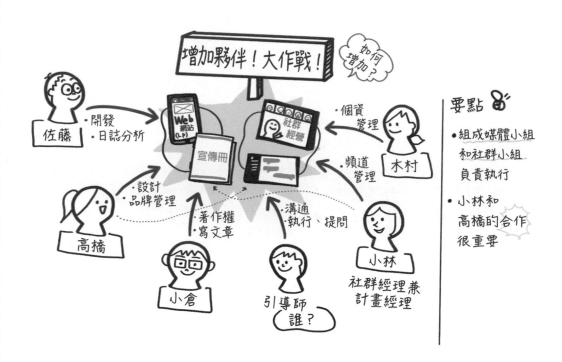

全員大作戰可以釐清計畫的重要目的，一覽所有執行計畫的夥伴和任務分工情形。畫立牌和象徵目的之物品來表現計畫的目的，並儘量畫成相關人員都注視著此目的。用人型代表相關人員，寫出工作夥伴的職責或從事的活動。這方法不僅能一覽各工作夥伴的任務，而且因協力體系被視覺化，可以在腦中想像計畫成功的樣子。

畫圖的順序

①　畫出目的

在正中央寫下團隊希望達成的目的。畫立牌和象徵目的之物品，想像目的達成時的樣子並塗上顏色等。

②　畫出達成目的必不可少的角色和人型

將達成目的必不可少的角色連同人型一起畫出來。思考「需要具備何種能力的人」、「需要何種立場的人來參與」。目光不只看向自己的組織內部，還要看向外部，描繪心目中理想的團隊。

③　依角色寫出主要從事的活動

以條列式寫出各個人型為達成目的所進行的活動。為了讓各個角色容易辨識，要寫出各個角色的代表性活動。

④　檢討目的能否達成

用箭頭呈現目的和人的關係、人和人的關係，同時思考能否順利達成目的。這時若發現欠缺什麼角色就追加上去。

⑤　整理出策略要點

審視全圖，思考此「大作戰」要成功不可或缺的關鍵何在，以條列式寫下重點。

 訣竅　懷著必定完成的強烈意志描繪目的。

8

構思的飛船

要點 ————

構思時的重點

寫出所有必要元素

　　我們不會立刻就找到構思所需的要素。要邊寫邊徵詢適任者的意見、與適任者對話，慢慢釐清要素。仔細地理解「現在是怎樣的狀況」、「應當以什麼為目標」、「為此該做什麼事」吧！

將全貌畫成一張畫

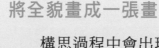

　　構思過程中會出現許多要素，必須將這些要素組合起來。這時要考慮整體的均衡，將所有要素整合成一張畫。要整合複雜的元素時，用自然界的元素（山、海、城鎮等）當背景來描繪，會比較容易整合。

眾人共同分享一張構想圖

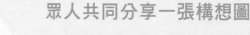

　　構思完後，表示已經過討論、驗證、試做，並在過程中不斷改進、修正。不要試圖一次就完成，要以一再更新為前提努力構思。別把畫出漂亮的圖視為目的，以手繪方式粗略地描繪吧！

構思的技巧

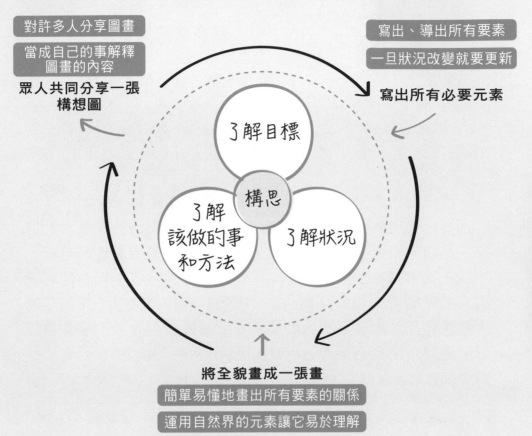

對許多人分享圖畫

當成自己的事解釋
圖畫的內容

**眾人共同分享一張
構想圖**

寫出、導出所有要素

一旦狀況改變就要更新

寫出所有必要元素

了解目標

構思

了解
該做的事
和方法

了解狀況

將全貌畫成一張畫

簡單易懂地畫出所有要素的關係

運用自然界的元素讓它易於理解

8

構思的飛船

　　完成構思必須具備 3 項要素:「目標」、「狀況」、「該做的事」。可以利用視覺思考來推進,一步一步地了解這些要素。首要之務就是「寫出所有要素」然後使用這些要素「畫出全貌」,再進一步藉由「眾人共同分享一張構想圖」促進構思。

心態 ————

用自豪的心情構思！

是否覺得不太對勁？要重視感覺

我們對構想帶有與個人相距甚遠、畫得很漂亮之類的印象。然而執行構想的是活生生的人，而構想也是在場面話和真心話虛實交錯的真實社會中產生作用。即使是很大的構想，也要留意自己是否對此感到不太對勁。

創造會感到自豪的東西

構思能創造出世間不存在的東西。既然如此，那就對自己有動腦想過的事感到自豪，努力構思創造能引以為傲的寶物吧！倘若動腦思考的人是帶著榮譽感全心投入，那份熱忱將會感染整個計畫。

⚠ **阻礙構思的怪物**

漠然神

漠然神是喜歡想像未來，但自己不打算有所行動的怪物。一直喃喃說著「別人應該會做」、「以後再做就好」。

有人會想和不願採取行動的人一起旅行嗎？讓我們關心自己的感覺、關心社會，用親身去體驗的心情進行構思吧！

描繪願景即可闢出蹊徑

將視覺思考使用在工作場合

許多人感到困擾的會議

如果問職場工作者：「開會有沒有讓你感到困擾的地方？」肯定會收到一堆回答，例如「感覺一再重複講同樣的事」、「分不清什麼人以什麼身分在說話」、「意見太多，要花很多時間彙整」。有關溝通的問題確實比如何推進工作的問題要多，但是這些全是嘗試用視覺思考就能解決的問題。

工作需要高度的溝通。而最需要溝通的會議場合正是視覺思考發揮功效的地方。別逞強，從自己的筆記本或白板開始嘗試視覺思考吧！

想成是「使用視覺語言」而不是「畫圖」

視覺思考最困難的也許是在開始前。怎麼說呢？因為查閱參考實例，淨是畫得漂漂亮亮的圖。看到那些實例往往會覺得「我不懂繪畫」、「畫的東西沒辦法見人」，而漸漸不敢再碰它。

不過，視覺思考並非一種繪製完美圖畫的方法。正如第 1 章介紹的塗鴉所代表的，有些只需線條、符號就能開始畫。最重要的是畫出

具體可見的外形進行溝通，換句話說，不妨帶著「使用視覺語言」的
意識開始畫圖。此外，如果用文字比較好處理，就多多使用文字！如
果畫圖比寫字更快，用
圖像表達比用文字表達
更易於理解的話，就不
妨畫圖。用這樣輕鬆愉
快的心情開始，各位覺
得如何？

在職場運用時，須注意的 3 個要點

1. 事先定出參與規則

可參與的人數、使用工具、畫圖時機隨方法而異。在錯誤的時機
畫圖，可能會糟蹋了難得的視覺思考。在畫上手之前，要事先定出運
用視覺思考的原則，以及與團隊一起進行視覺思考時的流程。

2. 製造機會讓別人看到

因為害羞而將畫好的圖偷偷收起來可就白費了。視覺思考是藉由
可視化獲得效果的方法。將畫好的圖展現在眾人的目光下，製造更多
覺察的機會吧！

3. 思考畫完後要如何運用

畫好的圖可供下次活動借鑑。別把畫圖、創作視為目的，思考之
後要如何運用吧！

結語

解決所有難題的現代思考法

單靠語言文字能夠說明以下圖形嗎？

左側的圖形可以描述成「長方形和三角形交疊在一起」，但右側呢？描述起來應該會很複雜：「長方形像是和三角形緊貼在一塊，但線條全部相連……」說不定光靠語言文字還無法正確說明。

從這兩個圖形中，我們理解描述一個沒有名稱的幾何圖形是多麼困難。

人們會回避難以理解或複雜的事物，習慣採用有前例、定型化的規則，這種情況不僅發生在職場，也發生在各領域。然而，若不能掌握新事物或特殊事物，便無法創造未來。

這時，「可視化」便具有很大的威力。假使不懂的事、模稜兩可的事、複雜的狀態，甚至連情緒都有辦法可視化，也許我們就會更願意採用新事物，而不會感到不安。

瞬息萬變的現代社會充滿我們不熟悉的事物。新冠肺炎病毒肆虐，導致許多人的生活方式改變，企業為了順應疫後的社會和環境，必須用前所未有的制度和方法來因應，一面掌握看不見或不明白的事物，一面向前邁進。

正因為在這樣的狀況下，我們更需要能夠理解未知事物、與人分享的視覺思考。

視覺思考帶來的三大競爭力

利用視覺思考，讓種種事物可視化後再思考，將帶來許多優勢。

● 凝聚團隊，統一認知

像「塗鴉」一般使用簡單的圖畫，即可營造出大人、小孩、外國人都能一起交談的環境。一邊將每個人的想法可視化，一邊「對話」，會比較容易理解彼此的認知，並能打造齊心協力的環境。面對更複雜且重大的課題時，相信也會更容易解決。

● 理解自己，獲得成長的契機

藉由「內省」，畫出周遭的狀況，更能深入認識自己，並有助於我們向他人展現自己的想像力。

● 成為課題解決、價值創造的推進力

將各種課題可視化後，若能一邊「鳥瞰」，一邊「探究」課題的本質，相信就會漸漸清楚應該解決的問題。不但如此，「想像」解決方案、「構思」更好的點子，這些方法一定會成為推動價值創造的力量。

視覺思考有時像燈光照亮四周，有時又像黏土，能塑造解決方案，成為反覆試驗的工具。不論未來遭遇什麼困難，它肯定也會幫助我們順利克服。

拿起筆和紙，一起在這複雜且滿是謎團的世界中大步前進吧！

祝大家冒險愉快！

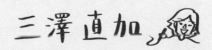

阻礙視覺思考的怪物們
THE MONSTERS THAT BLOCK VISUAL THINKING

！裝懂鷹
→ P44

鳥瞰之塔

！住手鐘
→ P26

塗鴉之路

！小心眼怪
→ P66

摘要之蜜

！潔癖菌
→ P144

構思的飛船

想像之丘

！漠然神
→ P164

！不行怪
→ P104

內省的水面

探究之沼

！多嘴貝
→ P84

！小聰明怪
→ P122

篝火旁的對話

171

視覺思考模板應用的 13 種場景

● 資訊蒐集、筆記整理

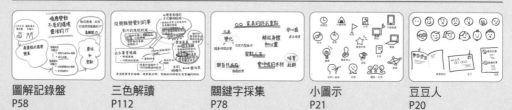

圖解記錄盤
P58

三色解讀
P112

關鍵字採集
P78

小圖示
P21

豆豆人
P20

演講摘要 P54　│　有意義的世界地圖 P118　│　整理板 P62　│　重點骰子 P60　│　WOW 筆記 P132

● 提升工作效率

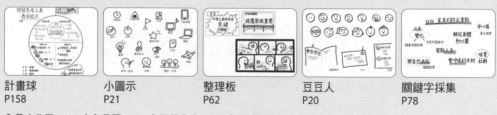

計畫球
P158

小圖示
P21

整理板
P62

豆豆人
P20

關鍵字採集
P78

全員大作戰 P160　│　魚骨圖 P114　│　構想畫廊 P140　│　演講摘要 P54　│　活動桌遊 P38

● 建立團隊

目的船
P154

全員大作戰
P160

天氣圖案
P22

夢想飛機
P80

活動桌遊
P38

願景橋 P152　│　腦內話題 P76　│　豆豆人 P20　│　人生篇章 P100　│　計畫球 P158　│　整理板 P62　│　圍桌輪流記錄 P74　│　尋找改變 P98

● 計畫管理

全員大作戰
P160

計畫球
P158

體驗概念
P156

天氣圖案
P22

魚骨圖
P114

● 人才養成、培訓

   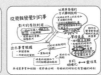 

圍桌輪流記錄
P74

夢想飛機
P80

整理板
P62

三色解讀
P112

活動桌遊
P38

● 生涯規劃、職涯發展

願景橋
P152

人生篇章
P100

尋找改變
P98

故事軸
P40

目的船
P154

● 自我剖析、啟發式引導

尋找改變
P98

心情模式
P23

色彩日記
P94

人生篇章
P100

場景擷圖
P56

● 調查、狀況分析

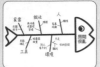

魚骨圖
P114

尋找改變
P98

大樹圖
P34

功用甜甜圈
P116

人體解剖圖
P36

有意義的世界地圖 P118 ｜ 三色解讀 P112 ｜ 圍桌輪流記錄 P74 ｜ 小圖示 P21

● 創意發想、企劃

WOW 筆記
P132

想像的紙上劇場
P134

圍桌輪流記錄
P74

畫圖接龍
P136

場景擷圖
P56

變化筆記 P133 ｜ 體驗概念 P156 ｜ 360 度探索 P96 ｜ 構想畫廊 P140 ｜ 眼球劇場 P138 ｜ 小圖示 P21 ｜ 關鍵字
採集 P78 ｜ 豆豆人 P20 ｜ 故事軸 P40

● 提高創造力

畫圖接龍
P136

眼球劇場
P138

場景擷圖
P56

360 度探索
P96

構想畫廊
P140

有意義的世界地圖 P118 ｜ 色彩日記 P94 ｜ 心情模式 P23 ｜ 功用甜甜圈 P116 ｜ 小圖示 P21

● 宣傳、公關、傳遞訊息

演講摘要
P54

想像的紙上劇場
P134

目的船
P154

場景擷圖
P56

故事軸
P40

圖解記錄盤 P58 ｜ 活動桌遊 P38 ｜ 整理板 P62 ｜ 構想畫廊 P140

● 銷售、顧客訪談

關鍵字採集
P78

計畫球
P158

豆豆人
P20

變化筆記
P133

演講摘要
P54

腦內話題 P76 ｜ 圖解記錄盤 P58 ｜ 魚骨圖 P114

● 經營策略、新創

目的船
P154

全員大作戰
P160

體驗概念
P156

大樹圖
P34

願景橋
P152

功用甜甜圈 P116 ｜ 360 度探索 P96 ｜ 構想畫廊 P140 ｜ 變化筆記 P133 ｜ WOW 筆記 P132

● 獨享附錄

隨行本所有的模板，皆提供 PowerPoint 空白表格。除了可以直接在個人電腦或平板上使用，也可以印出來，和團隊成員一邊討論、一邊手寫填入。請至以下網址下載：https://reurl.cc/NGpZlk

《用圖像解決問題的視覺思考大全》
PowerPoint 空白模板下載 QR Code

翻轉學 翻轉學系列 100

用圖像解決問題的視覺思考大全

8 大思考法 ×13 種場景 ×37 款模板，提企劃、做簡報、寫筆記、找靈感、帶團隊，
都能用一張圖達到目的，效率翻倍
ビジュアル思考大全：問題解決のアイデアが湧き出る 37 の技法

作　　　　　者	三澤直加
繪　　　　　者	三澤直加
譯　　　　　者	鍾嘉惠
封　面　設　計	張天薪
內　文　排　版	黃雅芬
責　任　編　輯	袁于善・陳怡潔
行　銷　企　劃	陳可錞・陳豫萱
出版二部總編輯	林俊安

出　　版　　者	采實文化事業股份有限公司
業　務　發　行	張世明・林踏欣・林坤蓉・王貞玉
國　際　版　權	鄒欣穎・施維真
印　務　採　購	曾玉霞・謝素琴
會　計　行　政	李韶婉・許俶瑀・張婕莛
法　律　顧　問	第一國際法律事務所　余淑杏律師
電　子　信　箱	acme@acmebook.com.tw
采　實　官　網	www.acmebook.com.tw
采　實　臉　書	www.facebook.com/acmebook01

I　S　B　N	978-626-349-073-4
定　　　　價	480 元
初　版　一　刷	2022 年 12 月
劃　撥　帳　號	50148859
劃　撥　戶　名	采實文化事業股份有限公司
	104 台北市中山區南京東路二段 95 號 9 樓
	電話：(02)2511-9798　傳真：(02)2571-3298

國家圖書館出版品預行編目資料

用圖像解決問題的視覺思考大全：8 大思考法×13 種場景×37 款模板，提企劃、
做簡報、寫筆記、找靈感、帶團隊，都能用一張圖達到目的，效率翻倍／三澤直加
著；鍾嘉惠譯. – 初版. – 台北市：采實文化，2022.12
176 面；17×21.5 公分 . --（翻轉學系列；100）
譯自：ビジュアル思考大全：問題解決のアイデアが湧き出る 37 の技法
ISBN 978-626-349-073-4（平裝）

1. CST: 視覺設計　2. CST: 創造性思考

176.4　　　　　　　　　　　　　　　　　　　　111016957

ビジュアル思考大全
(Visual Shiko Taizen: 6507-3)
©2021 Naoka Misawa
Original Japanese edition published by SHOEISHA Co.,Ltd.
Illustrations copyright © Naoka Misawa
Traditional Chinese Character translation rights arranged with SHOEISHA Co.,Ltd.
in care of HonnoKizuna, Inc. through Keio Cultural Enterprise Co.,Ltd.
Traditional Chinese Character translation copyright © 2022 by ACME Publishing Ltd.
All rights reserved.

采實出版集團
ACME PUBLISHING GROUP

《用圖像解決問題的視覺思考大全》使用方法

本手冊收錄 23 款解決問題常用的視覺思考空白模板，可以搭配《用圖像解決問題的視覺思考大全》一書使用，協助你快速解決各式難題。

🌏 快速的掌握重點
三秒塗鴉

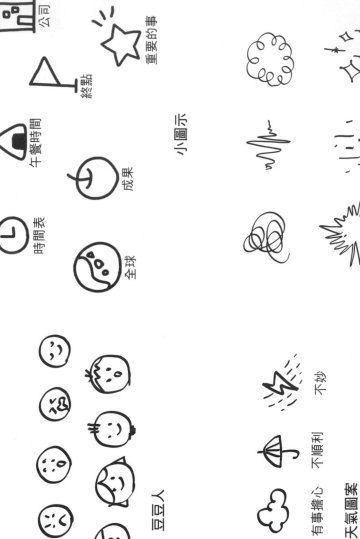

豆豆人

小圖示

心情模式

成果

全球

時間表

午餐時間

終點

公司

重要的事

良好！　一切會變好　有事擔心　不順利　不妙

天氣圖案

● 藉大自然元素，理解身處狀況

大樹圖

● 將組織狀態比喻為人體功能

人體解剖圖

● 決定活動的起點和終點

活動桌遊

❶ 將過程看作一個故事

故事軸

⑪ 抓住一項最強烈的主張

演講摘要

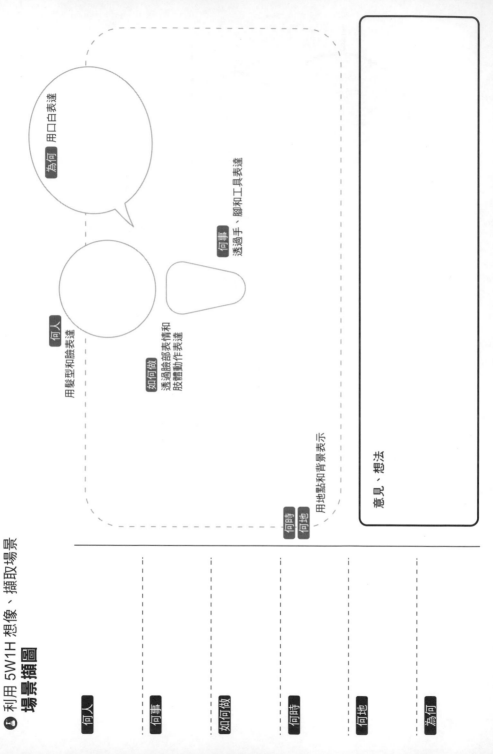

⑤ 利用 5W1H 想像、擷取場景

場景擷圖

為何 用口白表達

何人 用髮型和臉部表達

何事 透過手、腳和工具表達

如何做 透過臉部表情和肢體動作表達

何時 何地 用地點和背景表示

意見、想法

何人

何事

如何做

何時

何地

為何

⑤ 決定數量，再挑出重點
重點骰子

主題

● 讓所有人都看見、了解脈絡

圍桌輪流記錄

● 寫出腦中的關鍵字與人分享

腦內話題

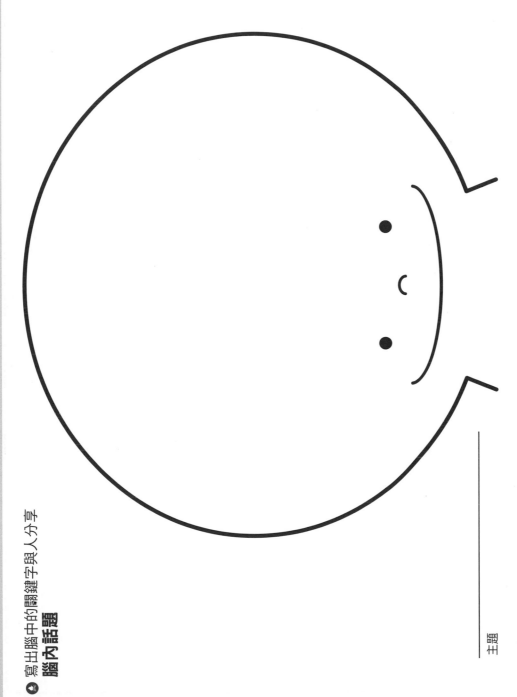

主題

○ 寫出許多自己珍視事物的特徵

360 **度探索**

主題

● 掌握過去和現在的不同

尋找改變

⊙ 過去

年　月　日　時

▲

⊙ 現在

年　月　日　時

發生什麼變化？

●

●

●

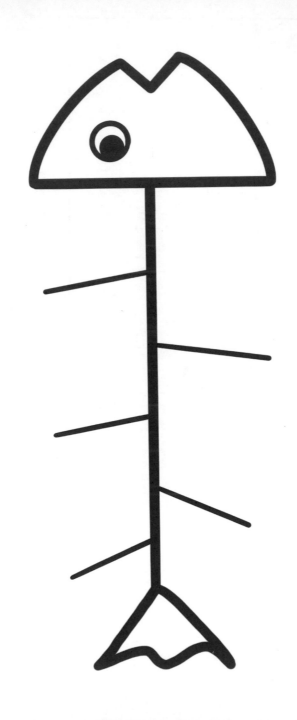

將問題的原因進行結構性整理

魚骨圖

功用甜甜圈

● 全面探究事物存在的意義

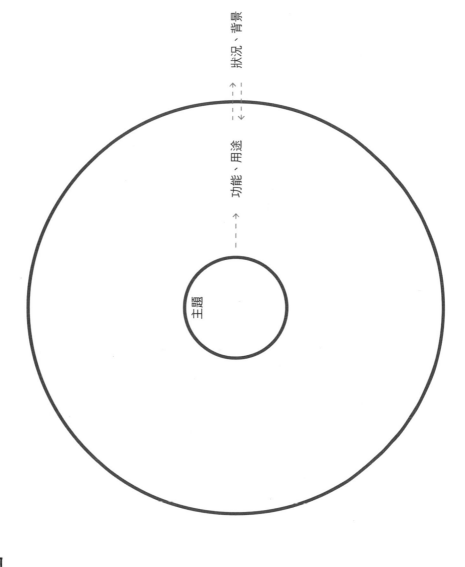

主題

功能、用途　狀況、背景

❶ 用圖畫記錄構想

WOW 筆記

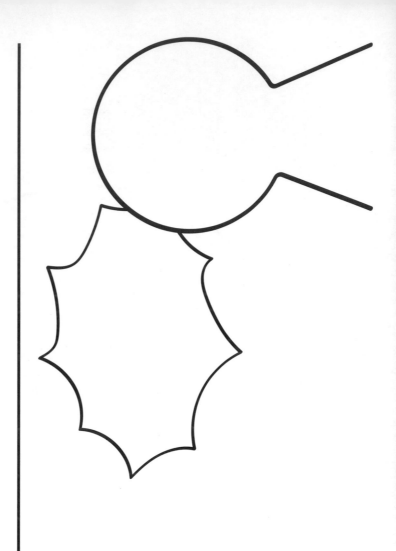

● 用圖畫記錄構想

變化筆記

● 確定目標畫出路徑

願景橋

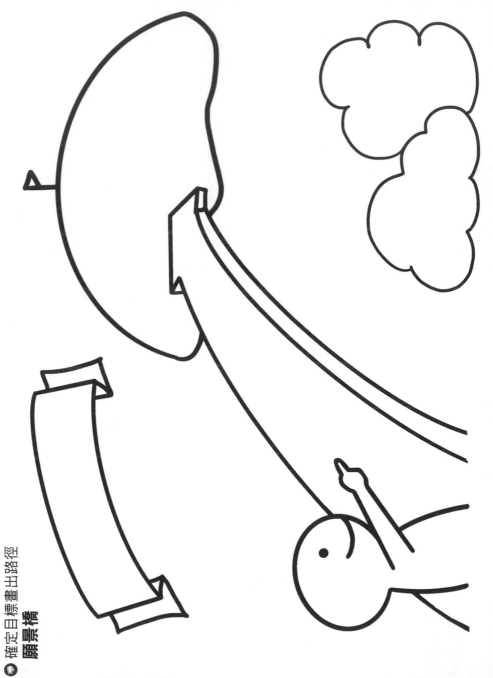

● 將組織比喻成一艘船，描繪存在意義和目的地

目的船

● 思考如何讓目標與價值產生連結

體驗概念

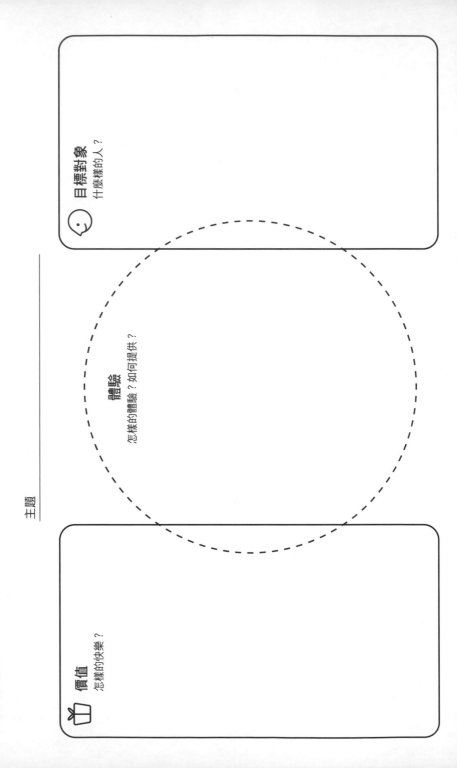

主題

目標對象
什麼樣的人？

體驗
怎樣的體驗？如何提供？

價值
怎樣的快樂？

● 將計畫整理成一張紙

計畫球

計畫

終點

希望避免的事

想做的事

目的

組織文化

相關人員

感想

視覺思考模板使用時機一覽表

每一款模板都能應用在各種場景中，以下整理了各款模板可發揮功效的主要時機（此處標示的頁碼為《用圖像解決問題的視覺思考大全》）。

獨享附錄

隨行本所有的模板，皆提供 PowerPoint 空白表格。除了可以直接在個人電腦或平板上使用，也可以印出來，和團隊成員一邊討論、一邊手寫填入。請至以下網址下載：https://reurl.cc/NGpZlk

《用圖像解決問題的視覺思考大全》
PowerPoint 空白模板下載 QR Code